素描欧阳予倩

戏剧作品近百部 创编演导
样样精 血染桃花 芳魂殒 从此
不见变节人

李岚清
甲午春日

"百年巨匠"素描 / 李岚清 绘

《百年巨匠》编委会

总 顾 问：蔡　武　胡振民　龚心瀚　王文章
顾　　问：王明明　沈　鹏　吕章申　苏士澍
　　　　　尚长荣　濮存昕　傅庚辰　莫　言

主　　任：张自成
编　　委：张广然　何　洪　周　成

主　　编：刘铁巍
编 辑 组：张　玮　孙　霞　许海意　张晓曦
　　　　　王　媛　张朔婷　陈博洋

百年巨匠
Century Masters

欧阳予倩

谢敏 ◎ 著

文物出版社

图书在版编目（CIP）数据

　　欧阳予倩 / 谢敏著. -- 北京：文物出版社，2021.11
　　（百年巨匠）
　　ISBN 978-7-5010-7288-0

　　Ⅰ．①欧… Ⅱ．①谢… Ⅲ．①欧阳予倩（1889-1962）－传记 Ⅳ．①K825.78

　　中国版本图书馆CIP数据核字(2021)第229085号

百年巨匠·欧阳予倩

著　　者　谢　敏

总 策 划　刘铁巍　杨京岛
责任编辑　张朔婷
封面设计　子　旃
责任印制　张道奇
责任校对　陈　婧

出版发行　文物出版社
社　　址　北京市东城区东直门内北小街2号楼
邮　　编　100007
网　　址　http://www.wenwu.com
制版印刷　天津图文方嘉印刷有限公司
经　　销　新华书店
开　　本　710mm×1000mm　1/16
印　　张　16.25
版　　次　2021年11月第1版
印　　次　2021年11月第1次印刷
书　　号　ISBN 978-7-5010-7288-0
定　　价　59.80元

本书版权独家所有，非经授权，不得复制翻印

宣传巨匠推广大师 为时代树立标杆

蔡武

文化部原部长 《百年巨匠》总顾问

文化精品创作工程包括重大出版工程、影视精品工程。《百年巨匠》就是跨界融合的一个重大文化工程,它深具创意,立意高远,选题准确、全面,极富特色,内容精彩纷呈,内涵博大精深,基本涵盖了我国 20 世纪这一特定历史时期在文学艺术方面的成就及其代表人物。它讲述的不仅仅是各位巨匠的传奇人生,更是他们的文学艺术成就同民族、国家,同历史、文化,同当代世界,同 20 世纪风云激荡的年代,以及同人民的命运都是紧密相连的。他们的成就对整个社会产生了重要而深远的影响。因此,立足 21 世纪的当今,系统全面科学解读巨匠人生与大师艺术,有着特殊而积极的意义,是社会和时代的要求。

作为一个有影响力的文化品牌,《百年巨匠》的表现形式也是多样的。《百年巨匠》丛书和纪录片互动互补,是出版界与影视界的跨界合作与融合发展,形成了叠加影响和联动效应,进一步丰富和扩大了品牌的内涵和外延。在信息社会"四屏"时代,用这样的一种方式来表达重大深刻的主题,具有重大的创新意义,是对中华优秀文化传承发展进行创造性转化、创新性发展的成功探索。体现出强烈的历史感、时代性、民族性，具有鲜明的中国特色，必将产生深远的影响。

一个民族自立于世界民族之林，离不开民族的自信心与自尊心。而民族的自信心和自尊心有其思想基础和人文轨迹，即对民族文化的重要代表人物和优秀传统应当有比较全面的了解并进行广泛传播。一个国家的历史需要记录，文化艺术同样如此。《百年巨匠》丛书秉承文献性、真实性、生动性原则，客观还原大师原貌，以更为宏阔的历史维度对大师们所经历的时代给予不同视角的再现和解读，为读者开启一扇连接20世纪中国近现代文化艺术史的大门。

巨匠们的艺术成就、人生经历、精神高度，彰显了中华民族文化在这个时代所能达到的高度，不仅有文学艺术上和文化史上的价值，而且有人文思想美学上的划时代性贡献。《百年巨匠》可以增强我们的文化自信和实现中华民族伟大复兴的意志。

《百年巨匠》还有一个重要意义，它能够激励我们后来人砥砺奋进，勇攀高峰。这些文化艺术巨匠有着深厚的爱国情怀和强烈的民族责任感，他们将个人荣辱兴衰与国家、民族命运联系起来，用文化艺术去改变现实，实现理想。在新旧道德剧烈冲撞中，他们所表现出来的高风亮节是后来人的楷模。他们所传导出的强大正能量，会激励一代又一代广大读者，对促进我们整个民族新一代的教育与成长，有着非常重要的启迪意义。他们的精神是引领和鼓舞我们再出发的航标与风帆。

《百年巨匠》也给了我们很多的启示，可以帮助我们回答和破解"钱学森之问"。20世纪产生了那么多的大师，新世纪、新时期我们应该如何助推产生出新的大师？这些巨匠的成长轨迹给我们揭示了大师们成长的规律，如要深具家国情怀，要胸怀高远理想；要深深扎根于人民，与人民同呼吸共命运；既继承民族优秀传统文化，又要勇于创新；并以非常包容的心态去拥抱一切文明成果等。

《百年巨匠》仅反映了20世纪百年的文化形态和人文生态，我们应该把这个事业延续下去，面向21世纪。对艺术大师的发掘是通过他们的作品来体现的，而他们的作品既是中华文化的传承，又进一步丰富、创新了中华文化的构成。从这个意义上讲，宣传这些艺术巨匠就是弘扬中华文化。这些艺术巨匠作为中国名片，拥有较强的国际影响力，这一工程的推进，可以有效推动中华文化和中国出版走出去。不仅仅局限于艺术领域，还可以从广度上、外延上扩大至整个文化领域，甚至把科技、教育等领域的巨匠们也挖掘展示出来。

一个国家文化事业的繁荣与发展，既需要广大艺术家的努力，也需要大师巨匠的引领。宣传巨匠，推广大师，为时代树立标杆，无疑是我们责无旁贷的历史责任。巨匠之所以是巨匠，大师之所以能成为大师，是因为他们以具有强烈时代感和创新精神的作品站在了巅峰。而他们巨作的背后，是令人钦佩的工匠精神，这种工匠精神的发掘和弘扬在当下具有重要的现实意义。同时，这百年的文学艺术史已有的众多成果，从学术上也要系统总结。而长期以来一直困扰我们的一大难题，就是如何把这些重要的学术研究成果进行转化和再创造，使之成为可被大众接受、雅俗共赏的精品佳作。从这个意义上讲，《百年巨匠》丛书的出版也是非常值得赞许的。

当前，我们的文化艺术事业虽然取得了长足的进步，但是相对于时代的重任，人民的厚望，尚有作品趋势跟风、原创性匮乏、模仿严重等问题，希冀大家在《百年巨匠》作品中得到更多的启迪和感悟。

我们国家正处在重要的历史时期，为我们文艺创作提供了丰沃的土壤和广阔的空间。中华民族的伟大复兴，呼唤一切有为的文艺工作者，为繁荣中国特色社会主义文化、建设社会主义文化强国，奉献毕生的才华和创作热情，将高度的社会责任感和历史使命感化作文艺创作的巨大动力，创作出无愧于时代、无愧于祖国和人民的优秀文艺作品，让我们这个时代的文艺创作异彩纷呈，光耀世界。

目 录

第一章　童年里捕捉"戏"的影子　　　／ 1
　　童年与"戏"　　　／ 2
　　韵　秋　　　／ 8

第二章　遇见"春柳社"　　　／ 17
　　初次登台　　　／ 18
　　申酉会　　　／ 27

第三章　自他演戏以来　　　／ 33
　　"后春柳"演剧　　　／ 34
　　"挨一百个子弹也不灰心"　　　／ 36
　　职业京戏演员的乐与苦　　　／ 41

第四章　更除旧俗进入现代　　　／ 59
　　更俗剧场　　　／ 60
　　《更俗剧场规约》　　　／ 75
　　伶工学社　　　／ 86

第五章	戏剧与影视两栖	/ 101
	只得再度搭班	/ 102
	电影半路出家	/ 108
	南京国民剧场	/ 110
	《潘金莲》	/ 112
	"南国社"	/ 116
	《再说旧戏的改革》	/ 120

第六章	在广东戏剧研究所 "创造适时代为民众的新剧"	/ 123
	从台前到幕后	/ 124
	广东戏剧研究所	/ 126
	戏剧理论探讨	/ 130

第七章	再出发	/ 137
	离粤返沪 游历西方	/ 138
	再度从影	/ 143
	抗日救亡与旧戏改革	/ 147

第八章	黑暗与光明并存的桂林	/ 157
	桂剧改革	/ 158
	"中旅""中艺""中救"	/ 162

  二度入桂 / 169
  《后台人语》 / 180
  西南剧展 / 183

第九章 "求真、创造、至美" / 193
  "我诞丑年湖南牛" / 194
  国立戏剧学院 / 198
  再排《桃花扇》 / 204
  苏联专家 / 209
  导演方法 / 212
  "风吹仙袂飘飘举，犹似霓裳羽衣舞" / 219
  "一息尚存，此志不容懈" / 229
  与梅兰芳率团访日演出 / 235
  《黑奴恨》 / 237
  巨星陨落 / 239

后　记 / 243
参考资料 / 245

油画作者：申和平

第一章 童年里捕捉『戏』的影子

出生在书香世家的欧阳予倩，童年有祖父及家人的庇护和关爱，在家塾读书，日子悠然。后来看了几次堂会，喜欢上『戏』，在家中与弟弟妹妹使用油彩化妆、扯窗帘当服装、将母亲卧房当作后台、厅堂和床上等各处当舞台地『扮演』起来。

童年与『戏』几次擦肩，是欧阳予倩走上与家庭意愿相反道路的开始。

童年与"戏"

欧阳予倩1889年5月1日(农历四月初二)出生于湖南浏阳普迹镇青龙头村一个书香门第的仕官家庭,生长在苦难的中国。原名欧阳立袁,号南杰,艺名莲笙,在1907年日本东京春柳社参加的第一次演出《黑奴吁天录》节目单上,署名兰客。还有笔名春柳、桃花不疑庵主。

欧阳予倩的独女欧阳敬如曾问过父亲,为什么自称"桃花不疑庵"呢?欧阳予倩回答说:"过去有位志勤禅师见桃花之偈:'三十年来寻剑客,几回落叶又抽枝;自从一见桃花后,直到如今更不疑。'但是我和他不同,我彻悟不疑的不是佛法之道,而是追求真理、追求进步,追求真、善、美的理想之道。"

女儿欧阳敬如一直将这番话语记在心中,在《父亲欧阳予倩》一书中,欧阳敬如深情写道:"在浩渺纷繁的往事中,桃花和我父亲一生的关联颇为密切。他出生在春天,结婚也在鲜花怒放的春天;他创作的话剧《桃花扇》、影片《新桃花扇》、京剧《人面桃花》(周恩来总理称赞其恰似一首美丽的田园诗)等都跟桃花有关。"

欧阳予倩的祖父欧阳中鹄(1849—1911),字节吾,号瓣姜。祖父敬佩明末清初思想家王夫之,由于王夫之号姜斋,祖父欧阳中鹄因而自谦"瓣姜"。祖父家境贫寒,但无论酷暑寒冬都不间断借书阅读,成为博学致闻达的学者。

欧阳中鹄当过广西桂林知府。虽为官,却是不看重钱财的儒官，曾说："只有几千卷书留给子孙，这也就能够使子孙不致仰面求人了。"因此祖父家并不富裕，是靠苦学成才。谭嗣同曾称赞欧阳中鹄师的学问"实能出风入雅，振前贤未坠之绪"。

祖父颇具民主革命思想，崇尚进步理念，秉承王夫之学说，推崇变革。作为谭嗣同、唐才常等维新人士的老师，支持谭嗣同"变法革新"，但不赞成"尽变西法"以及推翻传统文化。

桂抚奏请以欧阳中鹄调补桂林守折

欧阳中鹄在浏阳时，在当地保守人士反对的压力下，曾联合当时有声望的浏阳学者涂启先、刘人熙等兴办了算学馆，还与唐才常、刘善涵等商议召集同仁集资，1895年在浏阳文庙后山奎文阁办起了算学社。"算学社"的目标是学习有用之学，培育新型人才。

谭嗣同和唐才常都实质性地参与了算学社的事务。算学社以中西并重的教学方针树立了新式学堂创办模式，成为浏阳开启新学发展的重要标志，打破了湖南因循守旧排斥"洋务"的格局，揭开了湖南维新运动的序幕。

祖父1898年进京纂修《会典》。后来谭嗣同的母亲、姐姐、大哥等亲属同时染上白喉症，不幸去世于北平浏阳会馆，其他人都能多远躲多远，祖父不怕被感染的风险，带人前去处理殡葬。

祖父后来受变法七君子的牵连被贬到广西。从1903年至1911年病故，欧阳中鹄在广西先后担任思恩知府、平乐知府、桂林知府、广西提法使。有《瓣姜文稿》传世。

谭嗣同遇害后，很多人担心受到牵连，烧毁与谭嗣同往来的书信，祖父却妥善保存了与谭嗣同的信函。欧阳予倩后来将祖父保留下来的宝贵书信一直随身携带，并收录到《谭嗣同书简》中。

"瓣姜师阅尽苦辛，思之欲涕，一片血诚，鲜能知之，惟苍生阴受其福而已。"——谭嗣同曾以诗歌寄思情，他和唐才常对欧阳中鹄师都非常敬重，他们亦师亦友，感情十分深厚。

欧阳予倩的父亲欧阳自耕，虽常年闲居在家，却也在格致、音律等方面有自己的研究。母亲刘倚霞，也能懂些文化，还会画画。从祖辈到父辈，欧阳予倩的家庭都称得上诗礼人家。出生在这样环境的家庭，欧阳予倩从小就在家塾得到良好、系统的教育。名师授业，认字读书；四书五经，诗词格律。欧阳予倩从小就接触了《铁函心史》《明夷待访录》《大义觉迷录》以及英文、地理、天文等各个领域的知识。孩童时就开始接触的中国传统文化养分，成为欧阳予倩生命的底色。

有祖父以及家人的庇护和关心，欧阳予倩童年时期是有吃有穿、有长辈疼惜的幸福孩子。他可以扯窗帘当服装、给弟弟妹妹的脸上涂油彩、拉着家里佣人就地演戏，孩童的天性烂漫恣意发挥表达。他在相对安宁的家庭环境中吸收了多方面的知识，既有应试的八股文，也有科举废除后兴起的西洋新学，还有中国古典文化，这些所闻所感都在他的身体里慢慢发酵。

童年时的欧阳予倩与祖父欧阳中鹄

欧阳予倩的家庭教育和成长期望原本是一条"书生道路",绝不是戏子身份的戏剧道路。但也正是在接受着严格诗史教育的童年时期,欧阳予倩有机缘看了几次堂会,先是祖母五十寿辰的戏曲演出,后来又有家里亲戚的堂会。又受到身边喜欢看戏的佣人的影响,他"觉得唱戏实在好玩,不是口里乱哼,就是舞刀弄枪的乱跳"。他特别喜欢花旦,后台的人画花脸也引起他强烈的兴趣。当时看着艺人拿着油彩一笔一笔地勾勒,他心中就升起莫名的冲动。

欧阳予倩就地取材,现编现演,"床上的毯子扯来作道袍,窗帘拿下来当头巾,鸡毛帚、帐竹竿无一不被应用",这种将母亲卧房当作后台,将厅堂、床上等各处当作舞台,为自己化妆并设计服装,给表妹、弟弟用油彩画花脸,设计情节以及分配角色,尝试拉胡琴有意识加入音乐元素,将家里厨子、保姆算作观众的"扮演"行为,虽然不成熟也不正式,却具有了演出内容、人物关系、服化道、编导排练、音乐、观演关系等各项戏剧要素。

欧阳予倩开始走上一条与家庭意愿完全相反的道路。

1898年，欧阳予倩九岁。这一年中国社会正在经历一场扭转颠覆的变革试新。祖父的门生谭嗣同、唐才常，也是欧阳予倩的蒙师，都是这场不满于现状、力图改变中国社会面貌和历史进程的运动的参与者。他们奔走相告，宣传"爱国救亡"意识，一定程度上给清朝统治者当局带来了震慑和威胁，并且为中国近代社会的进步、思想文化的发展起到推动作用。但囿于复杂的社会现实、根深蒂固的封建势力等历史局限因素，谭嗣同等维新人士先后英勇就义，历时百天的"变法"失败。

欧阳予倩从小就受到中国传统文化的熏陶。老师唐才常给他打下了坚实的中国古典文学的基础。祖父的另一位门生、被欧阳予倩亲切地称呼为"谭七伯伯"的谭嗣同则影响了他对体育锻炼的重视。欧阳予倩曾回忆小时候看到谭嗣同和人比武，谭嗣同蹲在地上，另外两个人紧握他的辫根，谭嗣同一翻身站起来，那两个人都摔了一跤。后来欧阳予倩到日本留学，在《自我演戏以来》里说经常走天桥跳木马，和人比拳角力，满心想学陆军，"最羡慕的是日本兵裤子上那条红线"。而这些形体锻炼也与他日后学习中国传统戏曲身段时得心应手不无关系。

戊戌年八月的一天早晨，欧阳予倩刚起床，见到父亲欧阳自耕手拿一封信边看边哭。家里其他人也神情失色、窃窃私语。后来母亲告诉他，"谭七伯伯被杀害了。英勇就义前，发出'我自横刀向天笑，去留肝胆两昆仑'，'有心杀贼，无力回天'的憾言"。九岁的欧阳予倩目睹社会跌宕，不知那时他心里已起了何种波澜。

动荡年代的黑暗、如亲人般的老师被害，彼时恐惧与愤怒共同充斥着欧阳予倩的内心，但同时还有一股正义的力量直面冲击着他。后来，他在《自我演戏以来》中回忆："那时候我专爱高谈革命。本来谭嗣同、唐才常两先生都是我祖父的门生，和我家关系最深。谭、唐相继就义，那时我虽是小孩子，当然也不能不受刺激。到了北京，又遇着吴樾之死，颇激起一腔的热气，所以没有成小戏迷。"他只得暂时放下了童年捕捉到的"戏"的影子。

戊戌变法失败后，祖父欧阳中鹄被贬到广西穷乡僻壤之处任知府。广西平乐一带地贫民穷，那里多瑶族，族里有人下令若生两个孩子则必须弃其一，生三孩则需弃其二。这些被扔掉的孩子或饿死或在树林里被喂野兽。这种习俗下，人心惶惶，民不聊生。

欧阳中鹄到任以后，一方面变卖家中文物字画捐助乡民，一方面兴办学校、讲授知识，发展商业和交通。这些措施改善了乡民的生活，"扔孩子"的陋习也慢慢废止了。祖父在当地治理有方，勤政为民，深得百姓称道。有诗赞曰："瑶人拜舞桂人歌，捷报流传美政多。"祖父的思想和行为熏陶影响着欧阳予倩。

1901年，欧阳予倩跟随祖父北上，在北京的学堂念书。功课之余，他有机会看到谭鑫培的武戏、杨小朵的文戏。影影绰绰的童年时的"戏影"，此时又悄悄爬上欧阳予倩心头。

然而，这个影子很快又被生活的变动遮盖住了，欧阳予倩年内被安排返回湖南，入长沙经正中学继续读书。可巧这个学校里有位参加"兴中会"的教员，鼓励欧阳予倩到日本去留学。

欧阳予倩与日本的缘分自此开始。他想要行走的人生道路，也由朦胧开始变得明晰。

韵 秋

在家庭的支持下，欧阳予倩以私费生身份于1904年12月5日进入日本成城中学校读书。成城中学是欧阳予倩到日本求学的第一站。创立于明治十八年（1885年）的成城中学当时的课程有：伦理、国语及汉文（讲读、日本文法、作文）、外国语（英语、佛语、独逸语）、地理（地志、地文）、历史（国史及东洋史、西洋史）、数学（算术、代数、平面几何、立体几何、平面三角）、博物（植物、动物、生理、金石、地质）、物理及化学、习字、图画、体操（柔软体操、器械体操）。

根据日本成城中学史料室目前留有的《清国学生学籍簿》显示，欧阳予倩于1905年12月12日因学费未缴纳齐全而退学。许是九岁、十岁那两年所见所闻社会黑暗以及身边师长英勇就义，欧阳予倩很想从陆军士官预备学校——成城中学直接升读陆军学校。他刻意注重体育锻炼，保持身体各部分活力。但因眼睛近视，欧阳予倩未能如愿从军。

1905年末，欧阳予倩从日本回国。这次回国并不是出于他个人或家庭意愿，而

成城中学。笔者2021年3月摄于日本东京

是在清政府与日本政府为了各自利益,颁发禁止清国留学生在日本从事反清活动的《清国留学生取缔规则》后,被迫回国。清政府的此种行为激起当时一众留学生的愤慨,但"胳膊拧不过大腿",手无缚鸡之力的留学生们纵然心中万般痛恨,却也无法与强势固执的政治势力抗争。当时就有留日学生陈天华以一封《绝命书》作为自己生命终止符的举动。大批留日学生被迫遣返回国。

回国后的欧阳予倩迎来了生命中一桩喜事。1906年5月27日,欧阳予倩与刘韵秋(之后曾将自己的名字改为刘问秋)喜结连理。因是"父母之命"的包办婚姻,欧阳予倩在结婚

成城中学校园。笔者2021年3月摄于日本东京

成城中学门口。笔者2021年3月摄于日本东京

欧阳予倩与刘韵秋结婚照　　1926年，欧阳予倩、刘韵秋结婚二十周年纪念照

前不曾见过这位刘氏女，心里也不曾着急结婚，心想反正就结一个形式过场，三天后就跑路。万万没想到，这个"如意算盘"打得多余了。

当时，岳母曾对欧阳予倩说："你这位洋学生别看不起我们乡下姑娘，只要你在家住上三天，就会不想走了。"新郎官欧阳予倩徒步六十里路程，到了新娘家门口，鞭炮把他迎进门，行拜见礼，进了洞房。一位长鹅蛋脸、剪着漂亮刘海的姑娘拿着手绢，坐在床前，"手指一伸，每个关节就出现一个小酒窝"。女客们簇拥着，打趣地说"跟她拉拉手啊"，欧阳予倩轻轻伸出手去，微微地触一下新娘的手。新娘娇羞颔首，嘴角不由地上扬。果然，新郎住了三个月也不想走。

刘韵秋，外表文静，性子刚强，娴淑善良。她诗、书、画样样精通，纺织、刺绣艳丽精美。刘韵秋不仅没有旧家女子的陋习，反而天资聪慧，诗画皆比欧阳予倩高明。后来欧阳予倩与韵秋一同在桂林生活时，韵秋爱读《老子》《庄子》，欧阳予倩就拿《淮南子》《列子》《管子》去比着记诵。"五卅惨案"时，刘韵秋还同

今天的早稻田大学。笔者 2020 年 12 月摄于日本东京

欧阳予倩一起走上街头散发他们自己刻印的传单。

不仅如此，这位识大体的女子还是欧阳予倩日后戏剧道路的坚定支持者。韵秋放弃了家乡安定的生活，支持欧阳予倩在上海演文明戏、演京戏。两人性情相投，相敬如宾，一同走过了近六十个春夏秋冬。"台上典型台下效，铜琶应唱好夫妻"，是田汉对欧阳予倩和韵秋的美好赞美。

韵秋对欧阳予倩的支持经受了来自各方不同程

早稻田大学大隈纪念讲堂。笔者 2020 年 12 月摄于日本东京

度的压力。韵秋曾写信劝说欧阳予倩回家，欧阳予倩回一句"挨一百个子弹也不灰心"，韵秋便不再说什么，往后的日子里，就尽力支持欧阳予倩的戏剧人生。与韵秋的婚姻虽然是旧式的，但却非常美满。

婚后三个月，欧阳予倩又准备启程赴日。他打算带妻刘韵秋一同出发，但是欧阳家的旧式大家庭始终未曾准允。刘韵秋形同被"幽禁"在家。欧阳予倩只得暂别新婚妻子，于1906年8月只身二度踏上岛国日本，先后在明治大学、早稻田大学学习。夫妻二人新婚不久就长期别离，往来书信都必须先在欧阳予倩母亲面前公开朗读，刘韵秋不免觉得害羞难堪。

在欧阳敬如写的《父亲欧阳予倩》一书中，将母亲刘韵秋认

早稻田大学坪内博士纪念演剧博物馆，现存唯一一张《黑奴吁天录》节目单就存于这里。笔者2020年12月摄于日本东京

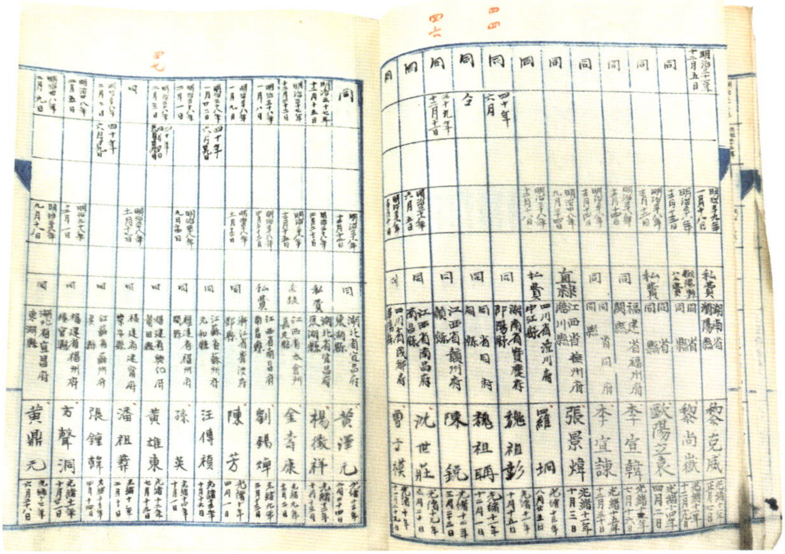

第一章 童年里捕捉"戏"的影子

欧阳予倩的成城中学学籍档案

定为"欧阳予倩背叛家庭到上海演戏事件的同谋者"。1911年欧阳中鹄去世后,刘韵秋被欧阳予倩接到上海,他们开始了独立的生活。韵秋一生都无条件地支持欧阳予倩的演戏事业,帮助欧阳予倩的演出研究舞台布景、设计、缝制服装,准备道具。他们心灵相通,彼此尊重、信任和相爱。即便欧阳予倩演戏初期收入并无任何

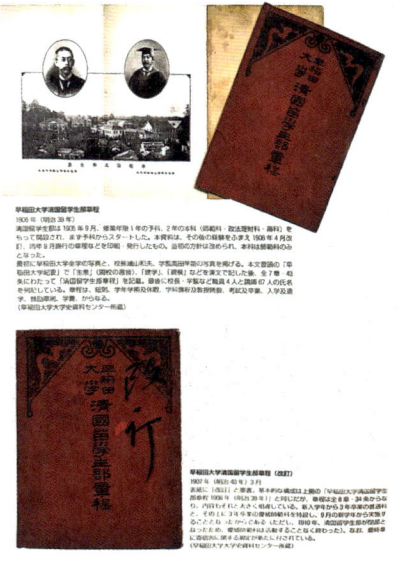

《早稻田大学清国留学生部章程》

13

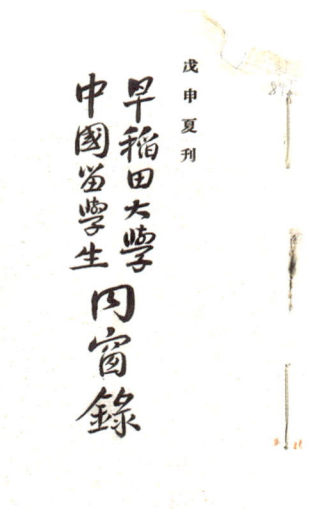

早稻田大学中国留学生同窗录封面

保障,他们也安于"冬天当绸衫、夏天当皮袄"。欧阳予倩只要领到演戏酬劳就会交给韵秋。

1906年8月,欧阳予倩只身二度赴日。他在《自我演戏以来》中并没提及这次读书的地点,而是将笔墨着重在他与"春柳社"的相遇,以及登台演戏的兴奋上。后来,欧阳敬如、董锡玖、苏关鑫等人编纂

1906年(明治三十九年)的早稻田大学清国留学生部

年谱,都说欧阳予倩第二次到日本,先是在明治大学读商科,后感到不合适,又改到早稻田大学学文科。

本书写作时,笔者正在早稻田大学访学,探访了欧阳予倩首次赴日所在的成城中学,找到了欧阳予倩的学籍,探明其在成城中学的具体时间是1904年12月5日至1905年12月12日之后,继续在早稻田大学寻访欧阳予倩的足迹。

然而,早稻田大学中央图书馆目前留有《早稻田大学中国留学生同窓録》(明治四十一年刊,請求記号卜10-845),记录的1905年至1910年间来自中国的746名留学生名单上,并没有欧阳予倩(欧阳立袁)的名字。除早稻田大学坪内逍遥博士纪念演剧博物馆藏有的《黑奴吁天录》等春柳社的资料外,早稻田大学几乎没有欧阳予倩(欧阳立袁)留学的任何蛛丝马迹。

实藤惠秀所著《中国人留学日本史》汇集大量一手史料,真实再现了百余年前国人留学日本的图景。书中介绍当年留日学生中,有不少人后来在各个领域为新中国的发展贡献一生,就提到了

早稻田大学中央图书馆。笔者2020年12月摄于日本东京

欧阳予倩。意外的是，欧阳予倩并没有出现在早稻田大学的留学生名单里，而是被列入了明治大学的留学生名单。原文说，"例如就读明治大学的戏剧大家欧阳予倩。很多名人录说他出身早大，他本人说只是自习了早大的文科讲义录，出身则应是明治大学的商科"。

历史的真相有待更多史料的发现、证明。

不管是明治大学的商科，还是早稻田大学的文科，就专业来说，都不是后来欧阳予倩走的戏剧方向。欧阳予倩本人似乎也很少正面提及自己所受教育的经历。但早年的留日经历，为欧阳予倩打下了较好的日语基础。他后来翻译的许多日语剧本、日语理论文章，都印证了这一点。

接下来的经历，就是欧阳予倩生命历程的另一篇章。

第二章 遇见『春柳社』

一九〇七年六月一日、二日，欧阳予倩在日本东京初次登上舞台，演出了春柳社排演的话剧——《黑奴吁天录》。此后，又以「申酉会」的名义与春柳同人组织了《生相怜》《鸣不平》《热泪》等话剧演出。

「春柳」清风，倩影妙曼；诉四季故事，风流惹人醉……

初次登台

"戏剧原来有这样一个办法!"是欧阳予倩留学日本时期——经历了成城中学求学、对军人的向往心理、明治大学商科及早稻田大学文科学习历程——于1907年2月11日观看春柳社在东京中华基督教青年会礼堂第一次公演《茶花女》(法国小仲马原著)后的惊呼。这是欧阳予倩第一次看到话剧演出。

春柳社是留日学生李息霜(李叔同)、曾孝谷组织的演剧团体。演出得到了日本新派演员藤泽浅二郎的帮助。因是游艺会性质,又

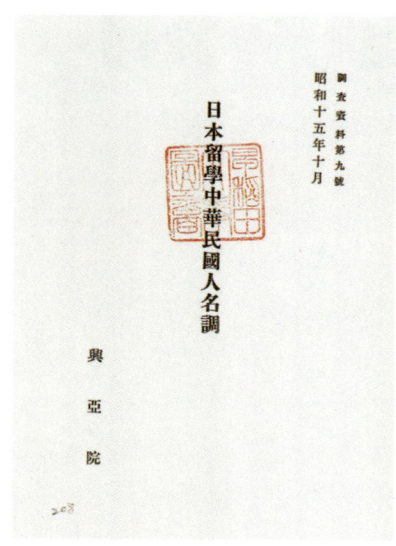

《日本留学中国人名调》封面,昭和十五年(1940年)编

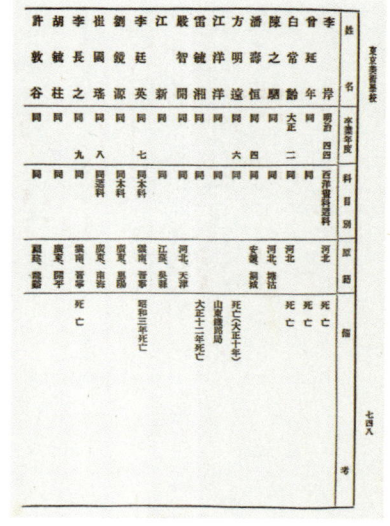

《日本留学中国人名调》中,李岸(李叔同)、曾延年(曾孝谷)的记录

是第一次尝试,这次《茶花女》只演出了《匏址坪诀别之场》一幕,李息霜扮演茶花女,曾孝谷饰演亚猛的父亲,唐肯饰演亚猛。这勾起了当时在台下当观众的欧阳予倩在童年时代就种下的"戏影子"。

以前只在书本中读过的《茶花女》,如今以西方戏剧的表现形态立在舞台上,演员真实地表演出来。欧阳予倩心想,同为大学的学生,别人演戏能受欢迎,自己何尝不能?加上童年时就对演戏产生过天生的兴趣,欧阳予倩对戏剧的兴致一发不可收拾。

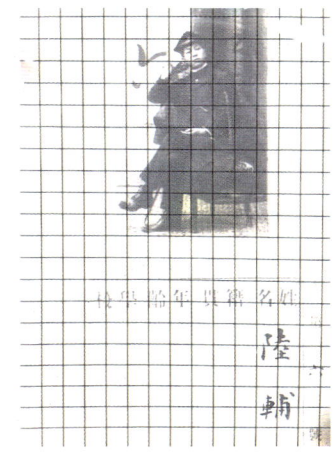

《中国留日学生监督处文献》所存陆辅(陆镜若)照片

如果说少小时代旧时戏曲的刺激、孩童时的扮演经历还谈不上

1907年2月11日,春柳社演出《茶花女》剧照,李叔同饰演的玛格丽特低首悲痛

1907年2月11日，春柳社演出《茶花女》剧照

1907年2月11日，春柳社在东京留学生会馆公演新剧《茶花女》。曾延年、李叔同(左)分饰男女主角，于卸妆后合影

要终生投身戏曲，那么，在日本看到春柳社的演出就真切地让他感受到"这样一个办法"是可以反映生活，并打动人心的。

《茶花女》演出之后，欧阳予倩经同学介绍辗转认识了曾孝谷。曾孝谷让欧阳予倩试唱，之后就请他加入了日本东京的春柳社。同时期加入的还有吴我尊、谢抗白、李涛痕等人。欧阳予倩从此开始了他1907年至1928年二十余年横跨新旧时代的演戏生涯。

1907年6月1日、2日，欧阳予倩以演员身份参与了春柳社第二次公演——《黑奴吁天录》。这是欧阳予倩的初次登台。他在剧中扮演第二幕的女黑奴丑（署名兰客）和第三幕的乔治（署名兰客）。《黑奴吁天录》的说明书上五幕演出都有"小海留——莲笙"的字样，但是，正式演出时作出了临时改动。也就是说，欧阳予倩并未在《黑奴吁天录》中饰演"小海留"一角。

《黑奴吁天录》借揭露美洲黑人交易、种族歧视、罪恶压迫的行为，表达留日学生高涨的民族精神。演出地点在舞台宽大的东京本乡座剧场，排练是借爱好音乐的游历官庄云石所住的龙涛馆进行的。这次演出制作了宣传单页，目前唯一一张存于日本早稻田大学坪内博士纪念演剧博物馆。演出前的大量广告体现了剧目的宣

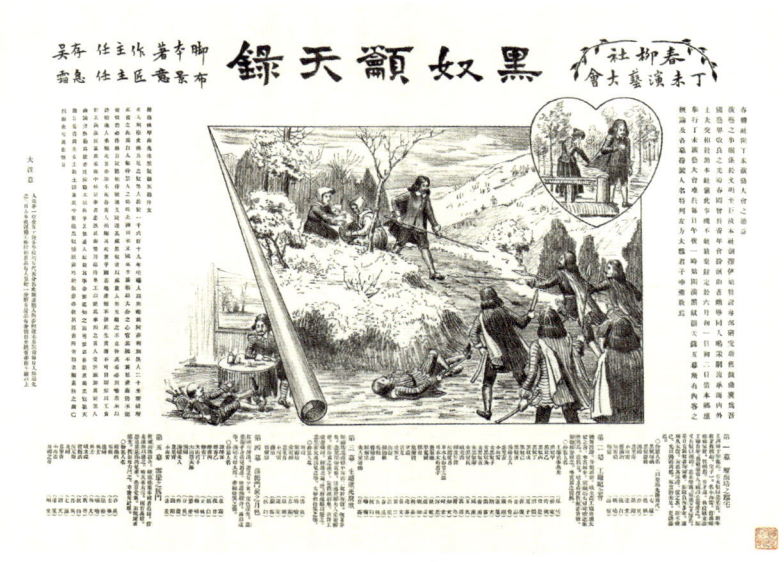

《黑奴吁天录》宣传单，唯一一张留存于早稻田大学坪内博士纪念演剧博物馆

早稻田大学网址显示《黑奴吁天录》

传意识。欧阳予倩以艺名"兰客"出现在宣传单页上。《回忆春柳》一文记载,欧阳予倩当时根据"南杰"的字音取了个艺名——兰客,但只用了这一回,以后就一直用予倩这个名字,没有再改过。

《黑奴吁天录》的排演是春柳社同仁以"志愿""自愿"性质自发集结完成的。具体体现在:曾孝谷根据林琴南翻译的美国斯托夫人(H. B. Stone)的小说《汤姆叔叔的小屋》(Uncle Tom's Cabin)以分幕形式编写了五幕剧本,借鉴了当时日本新派戏的形式;曾孝谷和李叔同是美术学校的学生,设计了布景和服装;演员表演时,台词按照剧本;角色分配明确,由曾孝谷、李涛痕、黄二难、李叔同、欧阳予倩、庄云石分别扮演其妻意里赛、奴商海留、解尔培、爱米柳夫人、小乔治和跳舞女郎,这些人后来都成为中国早期话剧的重要代表人物;注重化妆、服装;上座率高,观众来自印度、朝鲜、日本、中国等多个国家,具有了一定影响力;有意识加入中国音乐,穿插京剧唱段,提升观众的民族认同感;有意识地建立良好的观演关系和秩序。

这部剧的演出还受到当时留日学生民族解放思想情感高涨的外部环境影响，这给演出者无形中增加了勇气和启发，也想借此警醒国人。欧阳予倩在《回忆春柳》中回忆："春柳社选择《黑奴吁天录》为第一次正式公演的节目，是适合于当时客观要求的。"

　　《黑奴吁天录》是欧阳予倩第一次登台演戏的剧目。这次演出有完整的剧本，对话是固定的，断断续续经过两个多月的排练，读剧本就有"百余日"，布景道具亦十分讲究，演员表演力求表现感情的真实。他在前半生自传《自我演戏以来》里说："这是我的头一次登台。欢喜、高兴，自不用说，尤其是化好妆、穿好了衣服，上过一场下来，屋子里正开着饭，我们几个舞伴挨得紧紧的，一同吃饭，大家相视而笑那种情景，实在是毕生不能忘的！"喜悦之情跃然纸上。

　　《回忆春柳》还记载了"《黑奴吁天录》这个戏，虽然是根据小说改编的，我认为可以看作中国话剧第一个创作的剧本。……演得十分严肃。当时日本的戏剧家如伊园青青园等都予以好评，在留学生当中反映也很好"。

　　沙新在《春柳集》中记述了当时演出的反响评论："日本之大文豪、顾曲家及新闻记者，偕存好奇之心，及观《黑奴吁天录》之内容，莫不惊叹，又以为中国人演戏之能力，不图以至于斯也。如

1907年演出的《黑奴吁天录》最后一幕

1907年6月，春柳社在日本东京本乡座演出《黑奴吁天录》

坪内博士、小山内薰君、伊原青青园君,与夫各报馆记者,曾有记载。……七月号之杂志,亦登载其事。《早稻田文学》,尤评论最多,凡二十余页……且云支那青年之演剧,足见支那民族将来之进步。又评存吴、息霜、涛痕等员,虽伊井、藤泽、河合、藤井诸名优所弗及,并望日本各优努力,以学春柳诸子之态度等语。"

伊原青青园在《清国人之学生剧》一文中评论这次演出"其布景之设计,舞台之统一,演出之熟练,从这点看来,日本之业余剧团恐有逊色。……他们的演技确似费过一番苦心,似很熟练。他们有一般业余剧团所没有的纪律和统一。……据说他们重复排练,规定每周两次,有藤泽指导,曾排练二十几次"。

还有当时日本评论家土肥春曙的评论:"一进到场内,先对其无比的盛况感到惊奇,诸事规矩井然惊人。坐下来打开说明书,登场诸氏对演艺的告白极为堂皇;其意气雄壮、抱负之大,实堪惊人。……一出一出演来演去,待至篇中最精彩的《生离欤死别欤》之第三幕时,我不由得正襟危坐,对诸氏之演艺崇敬之念油然而生。……总之,诸氏今次成绩与我国业余剧团固不可同日而语,即较之高田、藤泽、伊井、河合等新派优秀演员之戏剧亦不只剧情紧张,且演技亦远超彼等,我想这并非是过分的美言。……登场者不论何人都非常认真热心,即便观众所注意不到之处,亦注意其演技使之无懈怠处。……从人物上场、闭幕之时机,以至服装、道具都经细心研究,……动作与表情中,对全体都所以佩服者,乃所有人员皆像西洋人那样在舞台上活跃着。……观毕怀惊叹之情而返,诸氏今后能更加一致团结,更加磨炼技艺,各位要实现自己的抱负,担当改良清国戏剧界的先导者,这绝不是难事。"

至于这次演出的制作,"当时把服装、布景、道具开出详细的清单，并对承办者加以说明，就由本乡座的后台包办，所以非常省事"。当时日本的演出制作行情是专门布景工人包办，根据各个演出情况将现有材料拼拼凑凑，既能满足演出的基本需求，还能达到省钱的目的。

《黑奴吁天录》的演出票价是日币五角，最先卖出的三百张，每人送价值一角钱的赠品。由此看来这是一场商演。演出方具有

本乡座迹地

一定的经营意识。本乡座的租金高昂，但在新派名演员藤泽浅二郎的介绍和特别帮助下，"一切费用在内据说五百块钱包下来，此外当然还有其他的费用，结果总算没有亏本"。这次演出不仅取得了收支平衡的良好经营效果，并且在思想层面、艺术方面都算是非常成功的。"观众为汤姆、为意里赛流着眼泪，对白人的奴贩子切齿痛恨，这就表现着演出的效果。"

一百多年前，在日本东京，由几个中国留学生组织如此规模的演出，真是一件非同小可的事情。并且无论是思想方面还是艺术方面，这次演出都可以称得上成功。欧阳予倩对这次演出"终生难忘"。1959年，欧阳予倩71岁时，为了纪念中国话剧这第一个剧本《黑奴吁天录》，还满怀激情地用十天时间写成了《黑奴恨》的剧本。可见他平生初次登台参演的这部《黑奴吁天录》在他心中的位置。

欧阳予倩在日本春柳社还只是"演员身份"的参与者，并不是主导者。

申西会

1908年4月14日，春柳社又在东京常盘木俱乐部组织了一次演出。欧阳予倩参演了三幕剧《生相怜》，饰演画家的妹妹一角。由于当时中国公使馆反对留学生演戏，许多春柳社员担忧自己的前程，渐渐与春柳社疏远，加上洽谈租剧场等事宜都需要专人落实，并且租金高昂、筹款困难，较难实现大规模的演出。但春柳同仁仍在坚持策划上演一些参与人员少、操作方便的独幕戏。

这之后，因不便使用春柳名义，也为了行动便利，1908年和1909年时逢"戊申"和"己酉"，地支建"申"和"酉"，欧阳予倩等人另起"申西会"，继续在东京演戏。从1909年春节开始，演了《鸣不平》《热泪》等剧。欧阳予倩在剧中都是扮演女性角色，例如，在《鸣不平》中扮演西洋妇人，在《热泪》中扮演女主角杜司克。

这时演戏的组织排演类似《黑奴吁天录》，春柳同人自己编写剧本、分配角色、排练、寻找剧场。陆镜若

1907年，春柳社在日本东京第三次公演《生相怜》，图为其中一幕"画家与其妹"，欧阳予倩饰其妹、李涛痕饰画家

1908年，申酉社在东京演出《鸣不平》

申酉社《热泪》演出剧照

在这个阶段加入进来。李息霜（李叔同）专心画油画、弹钢琴，对演戏的兴趣越来越淡。

《鸣不平》的演出地点是锦辉馆，原是借给人开会的地方。据欧阳予倩回忆，《鸣不平》的演出取得了比较好的效果，并且推销了戏票，获得了一定收入。演出的成功鼓舞了"申酉"的干劲和信心，于是就有了1909年初夏《热泪》的演出。

《热泪》原著由法国剧作家萨都写成，又名《杜司克》。欧阳予倩在日本春柳社及申酉会的前三次登台演戏分别是《黑奴吁天录》《生相怜》《鸣不平》。《热泪》是欧阳予倩生平第四次登台演戏，却是第一次担纲主角（饰演女主角杜司克）。这部剧也是中国留学生业余演出的第二场大戏。演出剧本由陆镜若根据日译本翻译而来，日译本又是新派剧作家田口菊町据法国原著译编。场地在藤泽先生帮助下租得比本乡座还大的东京座。主演角色由欧阳予倩、陆镜若、吴我尊、谢抗白分饰。当时的条件不允许组织大规模排演，是他们选择这部只有四个角色的剧的主要原因。

这次演出的经费是借官费生领生活费的折子向高利贷借的，可谓担着风险在演戏。"一面计划卖票筹钱的方法——第一步就是借着官费生的钱折去押给放重利的广东药铺"是经营意识的一种体现。东京当时演出行业布景服装由专人从事，演出组织者只需将剧目需求告知，"不必自己去制行头，什么戏用什么行头，只要开张账单给管衣裳的，他就会替你办来，大的改小，小的放放大"，是一种"新新旧旧，拼拼凑凑，只要在戏里合用，在电灯底下好看"的演出服装租赁"共享"模式。

对演出方来说，此种方式节省了剧目制作经费，解决了不必要的服装闲置问题。对服装制作方来说，避免服装闲置，最大化利用资源，并赢得利润。对20世纪初期的日本东京演出行业来说，"循环""共享"的服装使用模式有利于建立良好演出市场，保障演出质量。

欧阳予倩在《回忆春柳》一文中首先介绍"《热血》是法国浪漫派作家萨都的作品，原名《杜司克》。日本新派戏剧作者田口菊町把它译编成为日本新派戏剧本，改名《热血》。我们演出的时候根据抗白的意思改名《热泪》，以后在中国演出仍名《热血》"。欧阳予倩当年演出时的剧本是根据田口菊町的日译本改编的，排练过程中又不断地修改剧

东京座迹地，笔者2021年6月摄于日本东京

申酉社演出《热泪》剧照

本。接着又回忆了扮演女优杜司克的过程:"我好像很有把握似的,对于杜司克这个角色,觉得我饰十分恰当。我也的确下过一番功夫。在四个人当时,我把剧本念得最熟,无论哪一段可以毫不思索地冲口而出,我差不多真把剧中人的话变成了自己心里头的话。"欧阳予倩正在慢慢靠近正规的表演训练,每天进行化妆练习,台词、形体自不用说,还常常到郊外练习哭和笑。春柳演剧有剧本,排演认真,演员琢磨台词、形体、表演,使用布景,这与后来中国"文明戏"的幕表制、演员即兴表演大相径庭。

早年在日本春柳社的演剧和学习经历,为欧阳予倩的导演、表演艺术提供了导引。欧阳予倩1910年回国,直到1928年,十八年间他以职业演员身份登台,参与剧目编剧、改编、导演、制作,正是"磨光"精神的发扬和延续。欧阳予倩曾说:"那时候并没有什么导演制,我就一边在屋里头研究动作表情,有时就找镜若、我尊反复排练。我不能对角色做性格的分析——那时候我们还不会那样做——我只能设身处地的体会杜司克的身世和生活环境。根据戏的情节,看她所遭遇的每一个事件,她的心里是怎样想法,她怎样应付。当然我无从懂得十九世纪初期罗马女演员的生活,我只能够就我所读过的小说、诗歌(由中国的,也有外国的)当中所描写的各种女性,看她们的生活和她们在性格上某些共同之点,来研究我所演的角色。……至于动作表情,我从看画片、看电影(默片),还有就是到火车站去看那些来来往往的西洋女人,看他们走路、说话、转身、回头、笑、握手等等有些什么变化,回来反复模仿。"

关于《热泪》的排练过程,虽然尚没有建立明确的"导演制",但欧阳予倩刻画角色的功力得到认可,来源于欧阳予倩对生活的细致观察和用心总结,再加以内省。中国传统戏曲和中国早期话剧的舞台上都没有明确的"导演"一职,欧阳予倩的表演是自己琢磨剧本、揣摩人物心理、研究人物动作,从而在舞台上做出的他认为最贴近人物的表演。

"《热泪》的演出比《黑奴吁天录》的演出在某些方面是有进步的。这个戏的演出形式,作为一个话剧,比《黑奴吁天录》更整齐更纯粹一些——完全依照剧本,每一幕的衔接很紧;故事的排列、情节的发展、人物的安排比较集中;动作是贯穿的,没有多余的不合理的穿插,没有临时强加的人物,没有故意迎合观众的噱头,在表演方面也没有过分的夸张。我们的演技尽管很嫩,但态度是严肃的。"《热泪》的演出观众反响良好,欧阳予倩在《回忆春柳》中认为"真正可称为社会教育"。这浪漫派的悲剧演出被认为是有助于革命的演出,得到了同盟会员的认可与赞扬,但也引起了清政府驻日公使馆的注意,接着以取消留学生官费相威胁,"申酉会"也被禁止演戏,再想组织演剧活动可谓难上加难。"申酉会"被迫宣告暂停。

作为《热泪》演出

欧阳予倩(右)、吴我尊合演《桑园会》

的余兴,"欧阳予倩与吴我尊合演《桑园会》,分别饰演罗敷、秋胡"。虽然欧阳予倩和陆镜若等人的演出颇具"唯美主义"色彩,但是演出内容以及演剧组织本身在当时的社会环境中还是被带上了民主主义思想和"革命"的色彩。正如欧阳予倩在《自我演戏以来》里提到:"我们在东京演戏,本没有什么预定的计划,也没有严密的组织。最初无所谓戏剧运动,主要出于爱好。但也认为戏剧是社会教育的工具,想借以做爱国的宣传。我因和镜若最接近,就颇倾向于唯美主义,然而社会教育的想法始终没有抛弃。"

春柳演剧,秩序井然。不仅演出前反复排练和细心揣摩,前台纪律严格,就是在后台,也无一般业余剧团的拥挤混乱,而是事事有序,就连一顶帽子,也有专人负责看管。

1910年,父亲欧阳自耕因病到东京就医,不幸离世。欧阳予倩送父亲灵柩回浏阳安葬。后到时任广西桂林知府的祖父家中,跟随祖父生活,直到祖父1911年秋天去世。

在桂林的一年多时间,欧阳予倩过着学习功课、游山玩水、看戏想戏的生活。这个时期,他在博古通今的祖父的指导下阅读了较多古籍名典,积累文学素养。女儿欧阳敬如曾说:"父亲天生的艺术气质使他难以埋头在经书中,而是依着自己的兴趣、随着自己的性子读书。"也许正是这样才为他的学识广博、视野开阔打下基础。但这时,外面的社会正在经历血雨腥风——辛亥革命、武昌起义。

1911年农历重阳,祖父病逝,欧阳予倩与家人一起扶祖父灵柩回湖南浏阳安葬。

第三章 自他演戏以来

欧阳予倩的青年时代，是以「职业京戏演员」身份在舞台上度过的。他不是科班出身，却四方求艺，成为氍毹场上与梅兰芳齐名的京戏演员；他出身书香世家，却抱有「挨一百个子弹也不灰心」的信念和毅力，坚定走在自己选择的道路上。

"后春柳"演剧

1912年,欧阳予倩受陆镜若之邀从湖南到上海参加了"新剧同志会"。欧阳予倩将他们在日本演戏算作"前期春柳",回国以后算作"后期春柳"。前期、后期"春柳"的共同特点是对艺术执着认真,但生活清苦。他与陆镜若等人在大马路大舞台演出了《家庭恩怨记》,这出戏由陆镜若编写,欧阳予倩饰演"小桃红"一角。同时,他们在以上海为中心的苏州、无锡、常州、嘉兴、杭州一带,包括湖南、武汉等地"跑码头",持续了三年多。"跑码头"类似于今天的巡演,在当时也是戏班生存的重要组成部分。

对任何演出来说,经费都是至关重要的因素。欧阳予倩在《自我演戏以来》里谈到当时组织演出的经费来源,"那时的办法,是到一个地方就去找一个资本家,有时就预先说妥一个资本家,再到那个地方去。那时候花钱并不多,我们又都不拿什么薪水,所以资本家容易做。而且那个时候文明新戏很时髦,就有些所谓少爷之类来找我们,我们也就不管三七二十一,只要勉强够开销就答应下来,演了再说"。

新剧同志会演出的戏,按尚存的节目单一共有八十多个,其中有剧本、能够作为看家戏的,只有《家庭恩怨记》《不如归》《猛回头》《社会钟》《热血》《鸳鸯剑》等六七个,其余

陆镜若戏装照

全是临时凑的、没有剧本只有幕表的戏。春柳同仁所追求的，是有剧本、有排练，注重演出质量和艺术追求的戏。他们自己制定了严格的标准，将自己定位为区别于业余剧团的职业剧团，必须按照剧本排练过后才能登台。

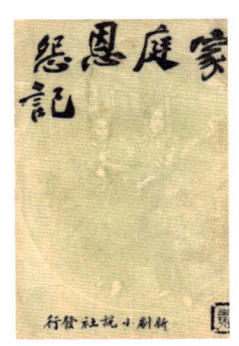

《家庭恩怨记》书影

"但当时必须每天换戏——当然有些比较受欢迎的可以反复替换着演，可是六七个戏，每个戏平均翻两次头也不够一个月的节目，所以必须有更多新编的戏，要不是救火那般赶紧拼凑，新的节目出不来，全靠少数几个老节目绝不能维持。……有时候我们的戏演得并不坏，可是上座不好，我们尽管用为艺术、为社会教育来安慰自己，为自己打气，可是心里着急也只有自己知道。"在这里就已经显示出艺术和商业的二元问题。

欧阳予倩在日本受到了"唯美主义"的熏陶。但是作为一个需要发展的职业剧团，演员的生活问题、剧目的持续问题、演出票房的收入问题等诸多要素，还是一股脑地出现在春柳同仁的面前。作为"先驱者"，他们措手不及、没有经验，但是他们在路上不断摸索着。

跑码头期间，欧阳予倩的重心在学唱戏上，先后向筱喜禄、江紫尘、张葵卿、林绍琴等梨园行家学戏，研究唱腔、身段。那时也没有导演，是"角儿"的天下。从这里可以窥得当时环境下的戏曲生态、戏班管理模式。

这一年年底，欧阳予倩还在张家花园演出了《宇宙锋》，欧阳予倩自述为这是他"正式演二黄戏的头一次"。

"挨一百个子弹也不灰心"

经历了几次演剧，欧阳予倩已觉戏剧具有感人的力量，对戏剧艺术愈发着迷。出身书香世家又是留日学生的欧阳予倩，竟然义无反顾演起戏来，成为一名在当时社会被看不起的"戏子"，自然招来家庭亲友的反对，甚至有言："像欧阳予倩这位出身书香门第的留日学生却'流落风尘'当'戏子'？实在是可惜可叹！""欧阳家从此完了。"但是，对"戏"执着的欧阳予倩毅然选择坚持，甚至在给妻子刘韵秋的回信中说，"即使挨一百个子弹也不灰心"。

"作为世家子弟，留日学生，竟把戏剧当作光荣职业，在当时那样的半封建社会是要经过很多斗争、很多委屈的。"田汉的这番言语道出了欧阳予倩能够做到不去考洋进士，毅然投身戏剧事业的不易。今天看来，欧阳予倩当时的勇气以及不顾世俗成见的眼光和坚持，也正是其日后坚守戏剧艺术真谛所需的品质。

欧阳予倩旧影

1913年回家过完春节后，欧阳予倩从浏阳来到长沙，参加了"社会教育团"。他还邀请上海新剧同志会的同仁到长沙一同参与"社会教育团"的戏剧实践。陆镜若、马绛士、吴惠仁、罗漫士、管亦仲、吴我尊等人在欧阳予倩号召下，齐聚长沙。

"社会教育团"的舞台搭在左文襄祠，布景则由汤有光以及陆镜若的妻舅藤田洗身，还有一个"专干舞台生活的日本木匠"负责。这是湖南首次出现有情节、有布景的演出，加上比旧戏易懂的剧本内容和欧阳予倩等人的倾情演绎，受到了当地观众的喜爱，演出上座率极高。欧阳予倩自述"一出《家庭恩怨记》，就把人看疯了。尽管下大雨，门前的轿子进来了退不出去，外面的进不来，……真可谓盛极一时"。

《家庭恩怨记》这出戏欧阳予倩在南通更俗剧场也排演过。《公园日报》一九一九年十一月二十六日有文，《更俗剧场排演著名大悲剧预告——〈家庭恩怨记〉》，对欧阳予倩的演技给予肯定评价。"予倩的演旦角，不是仅演一种性质的旦角。他无论何等样的女子，都描写得出。试观演黛玉，便是个温柔幽怨的女子；演宝蟾，便是个又腻又贱又黠的女子。就是悲哀的泼辣的，他也样样演得恰如其分。剧中人物的性质，本来分析最难，只是予倩处处游刃有余。诸君尽管细看，予倩有那一个角色，演来有不合身份处否。现在这出《家庭恩怨记》中的小桃红，又是别开生面。与以上予倩所演过的角色绝然不同，是一个笑里藏刀的女子，很不易演。诸君一观此剧，便知予倩的技艺，实在向各方而发达着，并非过于夸赞。故《家庭恩怨记》一剧，早就要排演，因为无人去悲旦梅仙。现赵君桐珊来通，恰当其选。苗查张诸君又各个担任适宜角色，不能不赶紧排演。以饷观者之望。一俟布景完全，排练纯熟，即行开演也。"

辛亥革命爆发后，昔日好友焦达峰遇害，欧阳予倩眼见其血淋淋的人头被挂在长沙城东，这些血腥残暴的场面对他的心灵又是一次痛楚的击打。夏衍说过，"本世纪二十年代在中国历史上是一个地覆天翻的时代，中国先进的知识分子几乎无一例外地都经历了一段苦闷、彷徨、探索和挫折的过程"。社会阶层及政治党派正处于混乱黑暗中，欧阳予倩表现出同情弱势苦难者的情怀，思考如何用戏剧的手段暴露社会黑暗。

欧阳予倩对这个阶段的社会环境发出这样的感慨："不过使我最难过的，就是辛亥反正以后，许多穷朋友，忽然讨了姨太太，住了大房子；我有些同学当了官，让护兵叫他们大人，纵情嫖赌，不干正事。……恰巧湖南省议会正在选举议员，许多人花钱运动，真是花团锦簇、热闹异常。城门口挂起八九丈长的白布，上写着某党招待处；街上车马络绎，家家栈房都是住得满满的。招待员四处拉客，请洗澡，请吃饭，请花酒，请打牌……好忙的银钱号！好多的轿子！"

有感于这些腐败现象，欧阳予倩编写了五幕剧《运动力》，直面社会问题，影射对此种堕落现象的不满，讽刺当时湖南政界贪官污吏拉票贿选、暴富娶妾的种种丑态。戏的结尾是由于这位绅士贿选议员，迫使佃户加租，于是农民激愤起来把这绅士的房子烧了，重新选出纯洁的代表励行村自治。

欧阳予倩在戏里饰演一个少年学生。他在《自我演戏以来》回忆说，"民国初年革命的空气虽然渐次腐化了，到底多少还有点清气。我演这个戏，也没有人阻止，许多议员都在台下拍手"。

《运动力》被认为是欧阳予倩编写的第一部话剧。但欧阳予倩在《回忆春柳》一文中，认为"《运动力》不过是活报性质的东西……并且春柳的戏反映时事不多。可以说都是传奇味道的，故事完整，情节曲折"。欧阳予倩从在日本东京参加春柳社演出《黑奴吁天录》到在中国湖南目睹时事创作《运动力》，反映了中国话剧自创作早期就关注到时代，并且关怀到被压迫的大众群体的生活。

反映时事的《运动力》虽然为"春柳剧运"开拓了新的局面，但是文社在湖南遇阻，欧阳予倩回到上海后没有再编演过直接反映时事的剧目。对此，田汉曾遗憾地表示："有也不过是一些消极的抒发忧愤的东西，未能通过生动而有力的形式对当时从人民中涌现出来的民族思想、爱国主义，进行有力的宣传。"欧阳予倩也自我批评："我们当时艺术热情有余，政治热情还是不够，作为一个走在前面的、想开辟道路的艺术团体这是个大缺点。"

1913年春，欧阳予倩在湖南文社演新剧的化妆照

文社是社会教育团与前台发生冲突后，欧阳予倩等人主张另外成立的一个组织。经费来源于都督府庶务黄湘澄、财政厅杨德邻、忠实的革命同志吴守贞的赞助。仅用七天时间造好舞台，演出了《热泪》（后改名《热血》）、《不如归》（马绛士根据日本德富芦花的小说改译而来，剧情类似《孔雀东南风》）、《运动力》、《猛回头》（原名《潮水》，日本新派剧作家佐藤红绿的作品）、《社会钟》（原名《云之响》，日本新派剧作家佐藤红绿的作品，剧作受到法国雨果《孤星泪》的影响较多，在当时表现出一种萌芽的社会革命思想）等戏，演剧"绝对遵守剧本"。

除这些剧目外，欧阳予倩在这个时期编写了他的第一个红楼戏《鸳鸯剑》。欧阳予倩自饰尤三姐，演出后反响不错，为文社增加了一些票房收入。但是，稳定的演出并未能维持很长时间，不久文社便遭遇被查封的命运。袁世凯命汤芗铭逮捕支持过文社的人。一时间，气氛陡然紧张起来。欧阳予倩又只得回到浏阳乡下避风头。

此时欧阳予倩编写剧本、筹集经费，在并不明朗的社会环境中寻求发展，都是指向舞台上演员这个身份和归处，并没有导演、管理概念。这个时期已经显露出剧目演出质量和剧目排演周期的冲突问题，体现在剧场要求每天上演剧目，而欧阳予倩等人剧本编写、排演需要时间磨合。

对此，欧阳予倩主张"演半个月停半个月，用半个月时间从事排练与研究"。从演出规律来看，此种建议有利于保障演出质量。但从剧场方来看，停演半个月意味着收入减少、开支增多。事实上当时的结果是，欧阳予倩等人"是取宁折不屈的态度，始终坚持着不变，可是生意却一天不如一天"。这里延展出一个重要问题，即"艺术"与"商业"二元对立及统一，如何既保全艺术质量，又获取经营收入，形成良性循环。

欧阳予倩在长沙文社排演新戏时，田汉十五岁，后来田汉曾回忆说："予倩他们在长沙搞新剧活动的时候，我还是个十四五岁的穷师范学生，我只经过左文襄祠门口，看到文社演剧的广告，也看到那位日本布景师在制作景片，心里十分羡慕，但没有钱，看不起戏。……我那真是'过屠门而大嚼'，虽则没有看到他们的戏，却引起对新戏剧事业的无限向往。"这应该是欧阳予倩与田汉相识前距离最近的时候，虽然两人并未能真正碰面。

职业京戏演员的乐与苦

1914年,欧阳予倩又到上海,开始了一段在以上海为中心的南方的舞台上作为"职业演员"活跃的阶段。此时陆镜若租得谋得利戏馆,用"春柳剧场"的名义开演,团体仍是"新剧同志会"的名称,正准备开锣演戏。欧阳予倩来时正患有腮腺炎症,两腮肿得很高。陆镜若坚持等欧阳予倩康复后再开戏。

春柳剧场时期,欧阳予倩依然专攻演技,对于演员表演所需要的"笑""哭""身段""服装"等一一仔细琢磨,所追求的仍然是"艺术"一元。欧阳予倩对人物(女性角色)、性格、身段的钻研与演绎,取得了良好的效果,得到了观众的喜爱。

吴我尊曾有评论登载在南通当地报纸《公园日报》1919年10月18日的一期:"予倩之在青衣界毫无凭借,纯仗自己崭新思想,将各剧镕铸一过,便觉处处皆有独立精神。《红楼梦》各剧名驰南北,脍炙人口,久有定论,至《御碑亭》一剧,体贴戏情,说白唱工尤有独到之处,较诸名宿亦未敢多让。我拿了一枝笔有话不能不说,殊不暇避标榜之嫌也。《不如归》是陆镜若君得意之剧,天影演之亦有突过镜若之处,予倩之康帼英有口皆碑,无庸赘赞,《剑魂》之赵老夫人惟妙惟肖,即月亭之康中将,将海山之贡福勋,半梅之乳母亦皆不弱,独今日之我尊在艺术上俯仰,因人进退失据,与诸大名家配演,颇自行惭愧也。"

春柳剧场的开幕演出是欧阳予倩参演的《飞艇缘》。演出于4

月15日晚7时。《申报》除介绍欧阳予倩为"春柳社杰出会员"外,还刊登广告:"此剧以科学关系写爱情,故哀乐能得情之正,英雄儿女兼而有之,诚近时有数之佳剧也。"此后直至1915年1月24日,春柳剧场除8月1日至7日因天气炎热停演一周,几乎每天开戏(有时日戏,有时夜戏,夜戏居多)。欧阳予倩在春柳剧场演出剧目,既有取材于《聊斋》的传统戏《珊瑚》,又有《运动力》《社会钟》《不如归》等新剧,还有其自编自导的红楼戏《鸳鸯剑》《王熙凤大闹宁国府》。

《不如归》(欧阳予倩、陆镜若、吴我尊译编)的说明书曾载于1919年10月14日南通当地报纸《公园日报》——

陆军中将康毅有二子一女,长女帼英前室所生,不见爱于后母。后母幼居欧洲,深染其俗,至是一家都染之。帼英长其姨母王夫人为作伐嫁海军少校赵金城,姑守旧以媳之染欧风也疾之。帼英幼娇弱多愁善病,在家既失继母欢,及嫁复不得姑怜。夫婿长征不能久相处,虽恩爱笃而别恨难胜,宁苦停辛竟成瘵疾,乃养疴于别墅。姑以其病疾之益甚,先是有贡福勋者欲以其女顺儿妻金城不果,遂谋所以离间帼英者乃寄女赵家,令习礼于金城之母以博其欢,然后痛论瘵疾之害,以间之金城之表弟易保伦。更从旁鼓吹之易亦军人中之无赖,尝以书自媒于帼英不成,遂恨金城又尝窃金城之印章,置债券事泄金城绝之易见,绝憾益甚。乃助贡福勋怂恿金城母出妇以快其私仇,母乃乘金城远出,谴帼英大归,金城返知之悲愤欲绝,适有战事,复奉令出征,战毕,负重伤,养疴于海军病院。帼英闻之,忧愤莫可,如何制衣服密寄之,用徵肥瘦。及金城伤愈,而帼英病剧,亟往视,则黄土一抔

第三章 自他演戏以来

（倩 子）（鸣 鹤）府國甯鬧大鳳熙王劇新

欧阳予倩剧照

43

长埋千古矣。帼英频死，犹谴书及约指嘱王夫人转致帼英，至是临风雪涕，物在人亡懊恨悲伤，有非笔墨所能形容者矣。呜呼恨海难填，情天莫补；望夫化石，难酬儿女之私；出妇无名，徒短英雄之气。孤家洒征人之泪，何以为情；中宵听杜宇之声，不如归去。谚人罔极母也，天只竟构家庭之变，足伤词客之心矣。……

旧戏、新剧同台演出，也在接下来很长一段时间内成为中国舞台的显著特点。欧阳予倩受日本新派剧的影响，萌生改革意识，在演出风格、演剧编排方面都显示出改革的意愿。但是，传统戏曲生态环境以及观众欣赏水平成为一种滞后的力量，欧阳予倩的旧戏改革实践正是在与此种滞后力量的不断博弈与磨合中，一步步前进。

1915年1月17日，《申报》刊文："欧阳予倩君精通剧学，擅长旦角，其言词典丽，迥不犹人，而举止神情尤为丝丝入扣，每演一剧无不哭笑皆真，悲欢尽致。其手编新剧则摘藻扬华、五光十色，深得社会之心理，《宁国府》其尤著者也。兹因遨游西湖，怡情名胜，辍演已届旬日，昨自杭州来申，拟回湘水。初三日，本剧场适演《王熙凤大闹宁国府》，此剧为欧阳君生平最著名、最体贴、最得意之作，易以他人便尔减色，因全体恳情挽留一天，以作离沪之纪念。"

欧阳予倩这一天在春柳剧场演出了《王熙凤大闹宁国府》（日戏）和《晴雯》（夜戏）。1月23日，随着春柳剧场迁入新民舞台，欧阳予倩于23日、24日两天分别演出了《探寒窑》《鸳鸯剑》和《王熙凤大闹宁国府》，之后回湖南浏阳老家过年。

欧阳予倩在《自我演戏以来》中说："春柳剧场演戏，大家都没有定薪水的,有时候卖得进钱来,大家分几个零用,有时候生意不好便一个钱都没有。一切都归镜若管理,他并不是首领,也没有特别的名义,事实上只有他担得起,对内对外全是他一个人。"春柳剧场是一种相对松散、依靠个人志愿存续的状态。

一百年前,中国的物质条件极为贫乏,春柳剧场同仁生活都很穷困,"春柳剧场的前台开销完全由张静江借垫,由每日票款提还,……卖出来的钱,先顾住戏院的房租和电灯、捐费等等,再还垫款,有多便分配给演员。他们并不想赚钱,无奈一直生意都不好,入不敷出,时常还要贴几个"。

欧阳予倩当京戏演员的时候说过:"人家以为伶工是很好的职业,能够赚很多钱;不错,伶工的薪金是比较别的职业高些,可是他们的开销也比较别的职业大。譬如一千元的角色,每月的正项开销总要在六百元以上,约记如下:行头(平均)二百元;胡琴一百元;场面津贴五十元;后台开销十元;伙计工薪二十元,家用一百五十元(房租、水、电、连伙计佣工的伙食等);应酬(平均)一百元(有时不止这个数目);零用并医药六十元;教育费三十元。合计七百二十元。"以当时一个伶人一千元收入为例,除去开销,虽然尚余二百八十元,但总会遇到意外的开销或者需要多置办行头以保住角儿的面子,达到持续吸引观众的目的。并且由于当时戏班里攀比之风盛行,几百元的角色要竞争几千元的角色,几千元的角色又要竞争数千元的角色,而演出所需要的行头让费用便如无底洞。若再遇上生意不好、演出淡季、观众不买账等情况,伶人的收入便没有任何保障。

"春柳剧场的戏直接模仿日本的新派戏,到陆镜若回国便由新派倾向了坪内博士所办文艺协会的派头。"服装和布景的配备也都符合戏剧的情节。欧阳予倩给出了春柳剧场生意不佳的理由："悲剧多于喜剧；台词之中俗语不够，文语太多；不用苏州话，不易为上海观众普遍接受；表演虽处处尽人情，而不够夸张；看客要求的滑稽与意外的惊奇都没有；演员不会交际；剧场不为商业不愿用任何手段去迁就观众；认定戏剧是神圣的，尤其演员要有人格，情愿不卖钱也不会自趋于下流。"这段分析今天读来仍然觉得充满力量。这里牵扯出两个方面的问题。第一，当地观众对演剧的形式和内容的接纳程度和审美能力；第二，坚持戏剧艺术一元主义，坚守演剧的高姿态以及演员高贵的品格，不为世俗低头，甚至不惜牺牲票房，也就是"一面谈艺术，一面想卖钱，怎么弄得好"？

春柳剧场的结局，仍然是无法满足每天排演新戏的市场需求、尚未顾及观众审美水平的限制，当新戏排不出来，又去寻回"旧戏"，"后来想恢复庄严的面孔来不及，而胡闹又不能彻底"，生意每况愈下，人心日益涣散。

欧阳予倩认为春柳同仁最大的缺点，就是"不自觉地走上了艺术至上主义的道路"。这种"不自觉地"，出现于对艺术形式的完整性想得多而战斗性不够、对当时环境研究过少以致和当时社会问题结合不够紧密，演戏成为高高在上的阳春白雪，曲高和寡，远离了民众。

  镜若领导的同志会，曾经提出两种面孔，庄严的面孔和和蔼的面孔。他说对艺术要庄严，对人要和蔼。以和蔼的态度同人合作，以庄严的态度实现艺术的理想。但是同志会一直没有一个明确的纲领。我们的艺术理想究竟是什么？达到这个理想的策略和步骤应当如何？

对于这些问题，欧阳予倩经过十多年的亲身戏剧实践，给出了自己的答案："……中国的话剧是按照另外一条道路发展的。那就是：利用新的戏剧艺术形式，结合中国社会发展的丰富内容，承继中国戏剧的优秀传统，因时因地用各种不同的、生动活泼的斗争方式推进运动，建立为中国广大群众所喜闻乐见的、为人民服务的话剧艺术。五十年来的经验证明了这一点，我们那时候不懂、也不可能懂。"欧阳予倩在与春柳演剧时隔五十多年后的1957年写下《回忆春柳》一文，将自己的视角悬置在历史长河再掉头审视过往，给出了较为贴合实际的分析。

1915年在浏阳过完春节后，欧阳予倩返回上海。这一年，他在上海、杭州辗转演出。包括：新民舞台（1月23日~24日，演出《探寒窑》《鸳鸯剑》《王熙凤大闹宁国府》；4月9日~10日，《鸳鸯剑》《王熙凤大闹宁国府》)、丹桂第一台（4月25日~5月29日，演出《玉堂春》《徐杨进宫》《杀妾饷军》《席棚认妻》《孝感天》《三娘教子》《金殿装疯》《四郎探母》《桑园寄子》《宇宙锋》《彩楼配》《虹霓关》《三堂会审》《真假金莲》《妻党同恶报》《汾河湾》《六月雪》《母女会》等)、春柳剧场（6月2日~25日，演出《鸳鸯剑》《王熙凤大闹宁国府》、时事新剧《女顾问大闹醒春居》《黛玉

《妻党同恶报》剧照

葬花》《鸣不平》、新编悲剧《神圣之爱》《借债割肉》《热血》《宁国府》等）、民鸣社（6月26日~8月2日，演出连台本戏《潘金莲》《梅花落》《西太后》《鸳鸯剑》《王熙凤大闹宁国府》《林黛玉葬花》《刘姥姥进大观园》《家庭恩怨记》《大明亡国惨》《空谷兰》《苏三起解》《玉蜻蜓》《张文祥刺马》等）。

这是欧阳予倩"职业俳优"生涯的起步与适应阶段。此时欧阳予倩会的剧目并没有很多，他自己也担心演久了会出丑或者暴露不足。并且仍然不舍春柳旧友。这种不舍可以看作是一种依赖，依赖春柳旧友在舞台上的默契和生活中的熟知，尤其是初搭班子时期存有的诸多不适应的前提下。这就有了6月初，当新剧同志会的会员从外埠回来，春柳剧场又借谋得利戏馆开演，欧阳予倩坚决辞了第一台而转向春柳剧场。

《宝蟾送酒》中，欧阳予倩饰宝蟾

《黛玉葬花》中，欧阳予倩饰林黛玉

但仅仅过了两个月，不惯于新剧同志会内部日益腐败，以及所提出的对"春柳剧场"进行改组的意见未被采纳，欧阳予倩没有跟新剧同志会同仁到无锡演出。而是经筱喜禄介绍，接了杭州西湖舞台的聘。8月，欧阳予倩与启明社周剑云合演《神圣之爱》，欧阳予倩还演了红楼戏《黛玉葬花》《宝蟾送酒》等。欧阳予倩当"职业俳优"的阶段，演剧内容仍然既有新戏，也有旧剧，以旧戏为多。在杭州西湖舞台，欧阳予倩与吴我尊、周剑云等人尝试了不少新戏。欧阳予倩在杭州认识了毛韵珂、薛瑶卿等人，向他们学了好几出昆曲。值得说明的是，欧阳予倩自编、自演的红楼戏最受欢迎。但是，不久，欧阳予倩觉得这样的生活"无聊"，秋天又从杭州返回上海，每日读书、学戏。春柳剧场内部矛盾日益严重，加上陆镜若突然离世，新剧同志会慢慢解散。欧阳予倩在与陆镜若、吴我尊、马绛士等同台演出了《神圣之爱》后，退出"春柳剧场"。

1917年，京剧《宝蟾送酒》中的欧阳予倩，摄于上海

1915年9月16日，陆镜若突然离世。欧阳予倩从杭州返回上海，发出"我生平演戏的对手只有陆镜若"的感叹，难以抑制失落

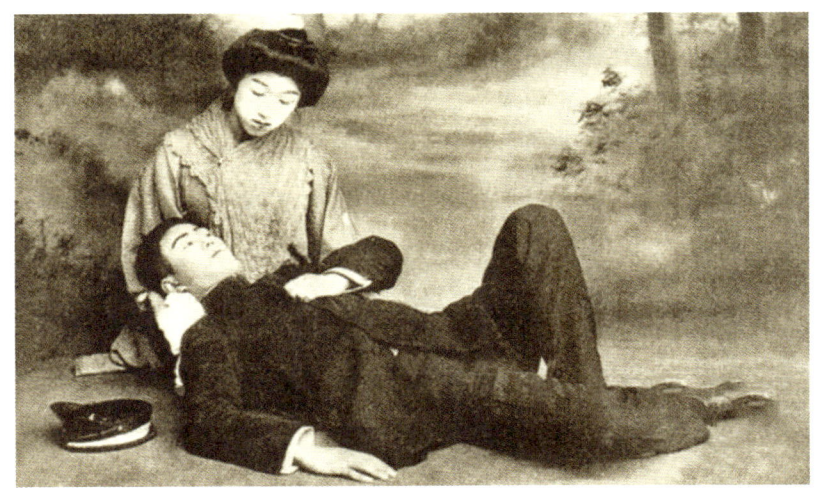

春柳社时期，陆镜若主演的《金色夜叉》剧照

的心情。他烧掉《神圣之爱》的剧本，表达对旧日好友陆镜若离世的悲痛与怀念。

陆镜若走了，"春柳"也就彻底终结了。"春柳"一路走来，更多的是一帮有志青年凭借一腔热血干起来的，他们年轻，没有经验，又恰逢20世纪初期新旧交替的时代，他们身在其中，也许对客观环境缺少正确的判断，但是"居然也就打开了一个局面"。欧阳予倩曾经饱满深情地写道："那时候也只好那么办：凑一帮人，弄几个戏，就在那从来没有人航行过的大海里头去飘去，会不会遇风暴、触暗礁，毫无顾忌，只是想象中一个美丽的岛在吸引着我们。这一条船是破了，探路的航行还是没有错误，春柳对当时的影响还是好的，对话剧启蒙运动还是有一定的贡献。"

1915年12月14日，丹桂第一台在《申报》刊登广告："丹桂第一台敦聘南北著名文学大家、新旧青衣花旦欧阳予倩……欧阳予倩先生为新旧剧界鼎鼎大名、超群绝伦之人才。前在本台演唱，颇蒙各界赞美，所唱青衫声调做工实可与梅兰芳并驾齐驱，故人皆称之谓客串中之梅兰芳。因其长于文学，所唱音韵词句莫不深为研究，与他人迥然不同。所排新剧如红楼梦等剧早已脍炙人口，无待赘述，务请各界贲临是荷。今由汴来申，本台托人邀聘，准初七夜登台。"

从1915年12月15日至1916年8月，欧阳予倩在丹桂第一台演出。剧目有《三堂会审》《忠杰义》《苏

1918年，京剧《晚霞》中的欧阳予倩

三起解》《孝感天》《彩楼配》《落花园》《探寒窑》《桑园寄子》《回龙阁》《玉堂春》《四郎探母》《五花洞》《御碑亭》《晚霞》《宇宙锋》《三娘教子》《汾河湾》《朱砂痣》《真假金莲》《平贵登殿》、时事剧《共和精神》等。

欧阳予倩在笑舞台演出"红楼"剧的广告两则

1916年8月11日，笑舞台在《申报》刊登广告《礼聘新旧剧巨子第一名旦欧阳予倩》："至矣哉，尽矣哉，欧阳予倩之为旦也，言论、表情，既戛戛独造，不与凡伍，做工举止更娴雅温文、高人一等。而无论其为泼辣、为豪爽、为阴险、为风骚、为哀艳、为龙钟，更无演而不超群伦。冠时独出，且工旧剧，其歌喉之亮、腔调之醇、板眼之正，莫不出乎其类，拔乎其萃。"

1916年8月12日至1918年2月，欧阳予倩在上海、苏州辗转演戏。分别是：1916年8月11日至1917年2月21日，笑舞台；1917年2月22日至3月24日，苏州振市新剧社；1917年4月4日至8月底，丹桂第一台；1917年8月底至10月下旬，苏州民兴社；1917年10月24日至1918年1月底，笑舞台。

笑舞台时期，欧阳予倩主要编、导、演红楼戏。欧阳予倩的演技日臻成熟。所演内容也与前类似。欧阳予倩说："我不想做剧作家，只想做一个勉能胜任的演员。"但是，"职业伶人的滋味，觉得并不很佳妙"。欧阳予倩就在这不佳妙之中，在丹桂第一台新剧旧戏同演、在笑舞台与查天影等人编演"红楼戏"。"那时候笑舞台的戏，从来不用幕外，所以我所演的红楼戏，虽然是照二黄戏编的，却是照新戏分幕的方法来演，……双云为了我的戏特意作些新布景。"

20世纪20年代，欧阳予倩在上海、南通等地"自排自演京戏二十四种"，其中"红楼戏"演出效果最好。欧阳予倩在《馒头庵》一剧中运用了纱幕、云景，在舞台上"做了一个像秋千样的东西：用约一尺三寸长、五寸宽的木板，两头系上钢丝，吊在布景的天桥上面，有人从上面操纵，可以上下升降，可以回转，也能左右摇摆。演员站在木板上……只见人在空中飘来飘去。"

有个有意思的现象是，笑舞台的演出天天人满为患，但是经营状况却不太好。传统戏的舞台上，演员行头要新的，才能满足观众的视觉需求，继而维持票房。欧阳予倩曾经要求用黄金拉丝绣衣服，跟他合作的朱双云在回忆"欧阳予倩在笑舞台"时提到，笑舞台最后闭门停业不是因为没有观众，恰恰因为观众太多。观众越多，欧阳予倩演出的制作成本费用越高昂。欧阳予倩与后台制作成本投入并没有直接关系，这往往由戏园老板出资，观众也只津津乐道于行头是否华丽。但是，剧场观众席容量毕竟有限，观众再多也补充不满成本的高昂。长此不良循环，尤其是剧场资金不充足的情况下，剧场便无法经营维持下去。

1920年，京剧《馒头庵》中的欧阳予倩（右）

1918年2月14日，欧阳予倩来到新舞台，直到1919年6月30日辞去新舞台。经过舞台的淬炼，欧阳予倩的演技越来越成熟，为其"职业俳优"的辉煌时期。欧阳予倩主要关注剧目编排、身段唱词，也关注布景制作以及配戏的人这些艺术方面的环节；并且在剧目编排、舞台表演、服装、布景等方面提出自己的创新观点。可以说，欧阳予倩一人已经承担了导演、演出制作的职能。

1918、1919两年之间，文明新戏已经由极盛转为衰败。欧阳予倩演戏生涯遇到的诸多无奈，也使其不断思考、寻求转机。除了对自己的身段、唱腔要求严格外，欧阳予倩也对服装、舞台布景、剧场管理提出了新的标准。

演出成本与艺术追求的对立统一问题，从欧阳予倩成为演员起就一直存在，此时已经不算新问题。但是，对于剧场管理者来说，无疑以追求利润为最高目标。这就对剧场管理者提出了新的挑战，要求剧场管理者在追求艺术品质时必要的花费与剧场收入之间予以平衡，一方面需要控制成本，另一方面又要讲究艺术。"艺术"和"管理"缺一不可，事实上，欧阳予倩离开上海，很重要的原因是剧场管理者未能处理好"艺术"与"管理"的关系。

洪深是20世纪学习西方写实戏剧艺术专业并深入舞台实践第一线的重要人物。他在1929年成文的《从中国的新戏说到话剧》中，特别提到20世纪初舞台演出在布景和服饰上的一些特点："夏月润到日本去了一次，认识了市川左团次。回来集合了几个同志，组织'新舞台'，在上海十六铺造了一所比较新式的剧场。那戏台可以转的，布景等一切，有了相当的便利；那戏的性质，不知不觉的，趋于写实一途了。演员们穿了时装，当然再用不来那拂袖甩须等表情。有了真的、日常使用的门窗桌椅，当然也不必再如旧时演戏，开门上梯等，全须依靠着代表式的动作了。虽是改革得不十分彻底，有时还有穿着西装的剧中人横着马鞭唱一段西皮，但表演的格式与方法，逐渐的自由了。"

1918年，欧阳予倩在上海日本人办的《讼报》上发表了《予之戏剧改良观》，提出"戏剧者，必综文学、美术、音乐及人身之语言动作，组织而成"的综合戏剧观。并说："盖戏剧者，社会之雏形，而思想之影像也。剧本者，则此雏形之模型，而此影像之玻璃板也。剧本有其作法，有其统系。一剧本之作用，必能代表一种社会，或发挥一种理想，以解决人生之难问题……演剧者，根据剧本，配饰以相当之美术品（如布景衣装等），疏荡以适宜之音乐，务使剧本与演者之精神一致表现于舞台之上，乃可利用于今日鱼龙曼衍之舞台也。"

欧阳予倩在此给出了戏剧的几个基本要素：剧本、布景服装、音乐，并且使得这些要素要与演员发生"精神一致"的配合，最终呈现在舞台上。欧阳予倩当职业演员的时候，演剧并没有导演一职，但欧阳予倩本人已经承担了导演的工作职责。欧阳予倩概括了"组织戏剧之文字""养成演剧之人才"两条具体操作办法。

在文字方面，欧阳予倩认为应当用浅显易懂的白话写出具有优美思想的剧本，剧评则要有精确的剧论，研究舞台艺术，扶翼真戏剧的诞生。

在人才方面，欧阳予倩主张建立"俳优养成所"，招募十三四岁的学生，授以基本戏剧知识、表演技艺和文化常识。这类戏剧主张在今天看来依然有其正确性。在之后欧阳予倩具体落实的实际行动中，却遇到了重重困难。

对此，田汉在为《欧阳予倩全集》所做的代序《他为中国戏剧运动奋斗了一生》中说："在当时那样的社会，他的主张会碰到困难是必然的，但他认清了中国戏剧已经到了必须改革的阶段。所以当他回到上海遇到许多能够和他一道战斗的朋友，那种高兴是可以想象的。"

欧阳予倩不是科班出身的演员。他唱戏是先后向筱喜禄、江紫尘、林绍琴、薛卿瑶、陈祥云、贾璧云等"角儿"学的，武工是在上海的时候向水上飘、周福喜学的。但欧阳予倩苦练唱功和身段，钻研声腔和袖剑，在职业京戏演员的道路上走出了自己的轨迹和风格。

在此让我们以时间为横轴，细心爬梳一下中国话剧的发展历程。

欧阳予倩在1957年撰写的回忆文章《谈文明戏》中详细剖析了"春柳"与其他文明戏团体的不同："春柳剧场的戏是先有了比较完整的话剧形式，逐渐同中国的戏剧传统结合起来的。而文明戏——也就是初期话剧——是用了外来的戏剧艺术形式，从自己的土地上长出来的东西。"

具体来说，"春柳"的戏有"准纲准词"的完整剧本，不允许演员台上自由发挥，从来不用幕外戏，严格遵守分幕制度，反对对台底下讲话。这就与没有完整剧本只据一张"幕表"上台自由发挥、以化妆演讲为革命做宣传、对着台下观众说一通大道理、为了弥补换场之间观众无聊而采用幕外戏的以任天知领导的进化团为代表的文明戏演剧不同。

"文明戏是先学习了我们戏曲的编制方法，又接受了从日本间接传来的欧洲话剧的分幕方法。春柳有所不同，它是先学会了分幕分场的编剧方法，回国以后又受了戏曲传统影响的。……中国的话剧接受了外来形式是事实。"欧阳予倩在《谈文明戏》中又比较了"文明戏"和"春柳"以及"中国早期话剧"之间的不同。

如上文提到的，中国话剧接受了外来形式。这个外来形式就是日本新派剧。欧阳予倩在《谈文明戏》一文中还指出："中国的初期话剧从日本间接学习了欧洲浪漫派戏剧的创作方法，五四时期我们又直接学习了欧洲近代剧的写实主义创作方法。日本新派戏的蓝本是欧洲浪漫派戏剧，主要是雨果。"

对于文明戏，欧阳予倩给出了较为公正的评判。其功绩在于"为我国话剧艺术的发展做了奠基工作，开辟了道路，在一个时期展开了一个新的局面；给了中国的戏曲以新的影响，还帮助了电影发展。在表演方面直接反映了社会生活，创造了以前舞台上从来不曾出现过的许多人物形象"。

但是，其不足与衰败的主要原因在于，文明戏受制于当时社会总体环境混乱，难以找到发展方向，犹如在苍茫的大海航行。并且，很重要的一方面原因来自于缺乏正确有力的领导。领导力的问题也是当今戏剧发展的重中之重。"剧场都抓在流氓买办和唯利是图的商人手里，使演出日趋于粗制滥造，甚至于腐化堕落。"

由此，话剧的发展需要加强领导力的作用，需要剧作家的剧本创作作为基础，需要科学的排演机制，而不是从"幕表"到台上自由发挥。

中国的早期话剧直接受到了日本新派剧的影响，经由欧阳予倩、陆镜若、吴我尊、马绛士等"春柳"同仁以排演不同于中国传统戏曲的剧目为媒介，直接"搬"来了具有浓厚浪漫主义色彩的剧作。又为了反映社会问题，为了宣传，很快就采用了写实的演法。一方面是中国传奇剧的一套方法，一方面是从日本搬来的新

共舞台外景，笔者 2020 年 9 月摄于上海

派剧方法，中国早期话剧就在两条支流不断汇合、交融的过程中发生了。

五四运动以后，是中国话剧发展的另一个阶段——爱美剧。"当时认为职业剧团经常受着商业剧场的支配，不可能自由研究艺术，就发起了爱美剧运动——非职业的戏剧运动。"

作为在文明戏之后发展而来的爱美剧，其演员很多是原来向往欧洲近代剧以及写实主义创作方法的文明戏演员，因此得以重新肯定戏剧的艺术地位和文学地位。但是，爱美剧流传不广的原因在于否定了初期话剧甚至中国悠久的戏曲传统，限于在高级知识分子的圈子而脱离了群众。欧阳予倩认为："五四时期，由于胡适等的错误思想所起的影响，话剧和中国的戏剧传统曾有一个短时期的脱节。南国成立，田汉同周信芳、高百岁、欧阳予倩等合作，话剧才又同中国的戏剧传统接上了线。"

欧阳予倩旧影

中国早期话剧对艺术的要求并不谨严，也没有看到新剧究竟应该是怎样的发展方向、怎样的发展方法。正如欧阳予倩的反思，新剧的发展需要在思想方面、艺术方面有一个领导力量。

五四运动吹起"全盘西化"风，对于传统戏曲一味贬低。长期职业演员的生活给欧阳予倩带来了空虚感，但同时囿于无法望尽戏剧发展的前路，使得欧阳予倩1918年在上海日本人办的《讼报》上发出了"试问今日中国之戏剧在世界艺术界当占何等位置乎？吾敢言中国无戏剧，……旧戏者，一种之技艺，昆戏者曲也；新剧萌芽初出，即遭蹂躏，目下已如枯草败叶，不堪过问。是更何戏剧之可言？"的质问。

欧阳予倩对于自己的戏剧道路怀有深情的理想，但当时"上海所有戏馆都控制在流氓手里，要搭班子就不免要演些无聊的戏，还要怄些莫名其妙的气"，此时京戏走了魔道、新剧落得不可救药，欧阳予倩搭班演戏已经完全不是他心中想做的事业，不过是谋生的一种手段。

第四章 更除旧俗进入现代

职业京戏演员的生活并不完全顺遂。随着年龄增长和阅历增加,欧阳予倩开始了从台前到幕后的第一次尝试——南通更俗。南通当地报纸《公园日报》记载了一百年前「更俗」的始末,许多细节、诸多往事已经渐渐被我们淡忘,本章就透过这份已泛黄的老报纸,掀起历史神秘的面纱,试着再次忆往昔,看今朝。

更俗剧场

"教育以通俗为最普及,通俗教育以戏剧为易观感。他不具论,即如南通自去年设立剧场以来,里巷之间,除学校以外之一般童孺,多有临风学歌,求肖所聆之曲。且侈述剧情中之嬉笑怒骂。恣为笑乐者。夫教育既求及于普通社会,而普通社会之人,职务余间求消遣娱乐之地。多以剧场为趋的。剧场实善恶观念之一动机也。欧美人于剧场之改良,犹我往古优孟登场。以讽刺为劝惩之观念。则戏剧不当沿伪习陋,其作用须求合于通俗之教育。故愚兄弟有更俗剧场之发起。今幸诸君同观落成。爰述缘起如此。"1919年11月27日《公园日报》刊载了退、啬翁这篇《更俗剧场缘起》。

张謇故居濠南别业,笔者 2020 年 9 月摄于江苏南通

大生纱厂遗址，笔者 2020 年 9 月摄于江苏南通

张謇，字季直，号啬庵，也称啬翁；张詧，字叔俨，号退庵、退翁。张謇兄弟共五人，张詧排三，张謇排四。

1919 年 5 月 27 日，应南通西公园戏场邀请，欧阳予倩到南通演戏三天，结识了南通当地实业家张謇。

张謇在南通拥有一个"实业系统"，涵盖大生纱厂、轮船、垦盐、垦牧、教育（从幼儿园到小学、初中、高中、女子学校、师范教育）、养老院、医院等社会方方面面。在强大资本和资金力量支持下，张謇希望改善当时戏园、戏班的生存和表演状态。这是张謇出资建造更俗剧场、伶工学社的原始目的。在具备基础条件

张謇小影

梅兰芳小影

后，张謇物色可以担纲此事的人选，他的注意力一直在梅兰芳身上，先后写了五十四封信，力邀这位"畹华小友"来通。梅兰芳几次婉拒。这才有了 1919 年 5 月 27 日欧阳予倩来通演出后，接受

更俗剧场内的梅欧阁

1922年，梅兰芳在更俗剧场演出剧目单，笔者2020年9月摄于江苏南通

张謇邀请，与张謇"合作"的三年更俗。

1919年底，欧阳予倩和张謇合力建造的更俗剧场，用一座剧场和一纸《更俗剧场规约》展示了一百年前中国剧场的艺术动态。两人合作的重要前提是双方共同渴望改变现状。一个是商人，一个是戏曲舞台上的演员，不同的身份立场、不同的出发点、不同的改革步骤和想法在初期并没有显示出分歧，或者说分歧暂时没有浮出水面。

张謇与梅兰芳

只是在一种共同的愿望驱动之下，欧阳予倩就开始了"南通更俗"的尝试。这是他由台前（演员）向幕后（戏剧改革者）转变的第一次尝试。

更俗剧场成为改良传统戏曲的实验基地，盛时"京""昆""话"三个剧种同台惊艳。全国名演员梅兰芳、程砚秋、余叔岩、王凤卿、谭富英、杨小楼相继而来，尤其梅兰芳先后三次到更俗剧场演出，盛况空前。

当年的更俗剧场，大门沿马路朝南，如城门般的半月式拱门，门内两壁可挂演员名牌。大门东首有朝南两层楼饭馆，便于观众和演员日夜应用，西首是车行。舞台上可以走汽车、跑马，池内可容小船，这样的硬件规模在当时的上海、北平都甚为罕见。

1919年6月15日的《新闻报》刊文《鸣谢欧阳予倩、查天影两君》："两君莅通晋谒季老，参观实业，勉徇敝园，敦请登台。

更俗剧场

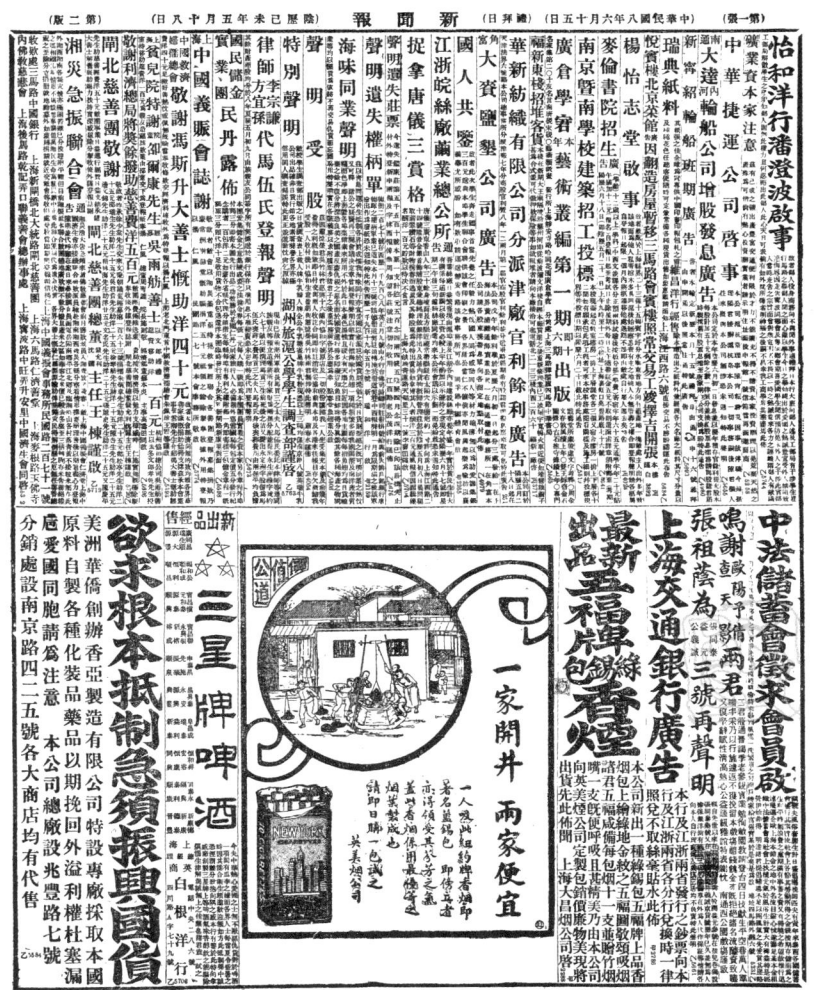

1919年6月15日,《新闻报》登载《鸣谢欧阳予倩、查天影两君》

四日技献生平空巷万人,群瞻风采。乃以行旌遽返,不获挽留。本戏场祖钱馈金亦既拒绝诸名流酿资致？又复坚辞赋性清高热心公益谨级雅谊特表谢忱。——南通西公园戏场谨启。"紧接着1919年6月30日,欧阳予倩正式辞去新舞台,离开上海,开始南通"更俗"的筹备。

1919年9月6日的《通海新报》正式报道了张謇特聘欧阳予倩创办伶工学社的消息："张啬老注重社会教育，特聘伶界颇有思想学问名誉之欧阳予倩君来通为主任，创办伶工学校以资改良戏

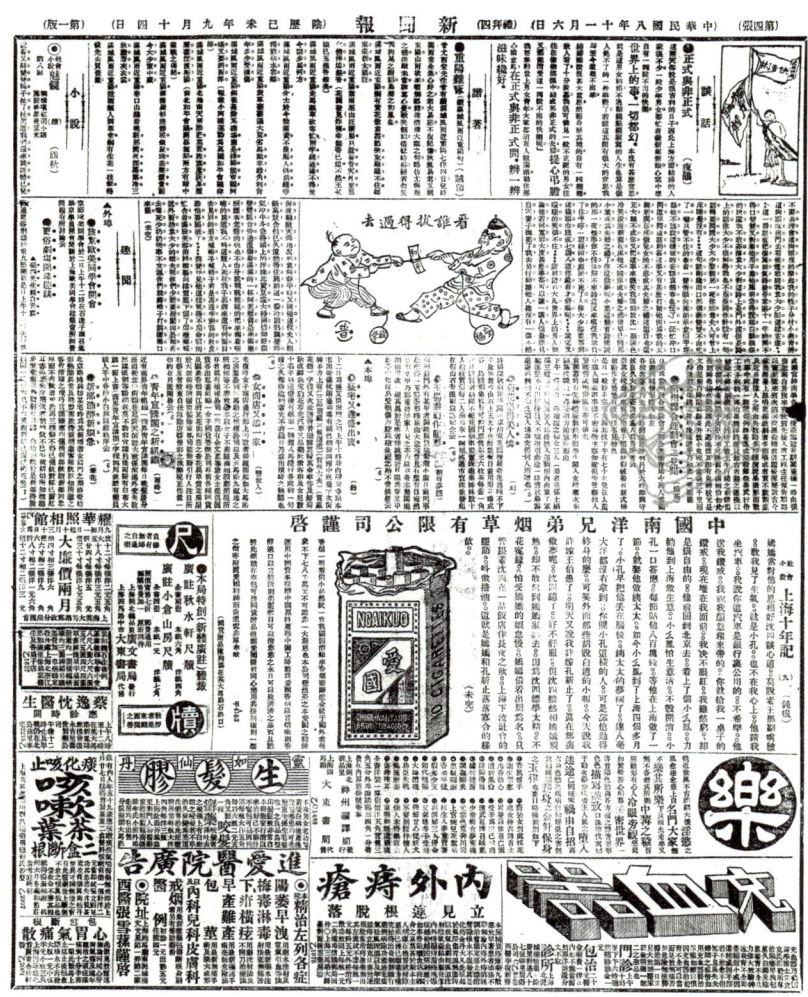

1919年11月6日，《新闻报》登载《更俗剧场开幕趣谈》

张謇等人合影

曲扶助教育。"

欧阳予倩先到北京为伶工学社招生,将甄选的一批学生(约三十人)派人送回南通,又与张謇的心腹薛秉初一同经北京过奉天到朝鲜、日本考察戏剧情形。此后又从南通招生三十余名,与北京招来的三十名,共同组成伶工学生学员。薛秉初由于不能习惯日本的水土,只住三天便回国。欧阳予倩在日本访问了画家石井柏亭氏,参观了帝国剧场,看了大阪有名的傀儡戏。后来欧阳予倩在日本生病入院一个月。住院期间,他看了《复活》《卡门》《悲惨世界》《忏悔录》等著作,写了许多短文。出院后回国。

1919年10月28日的《新闻报》登有"南通更俗剧场现已落成,重阳开幕,建筑宏大,布景精当,角色齐全,戏剧优美"的消息,并将《更俗剧场规约》全文刊载。更俗剧场是南通地方剧场,

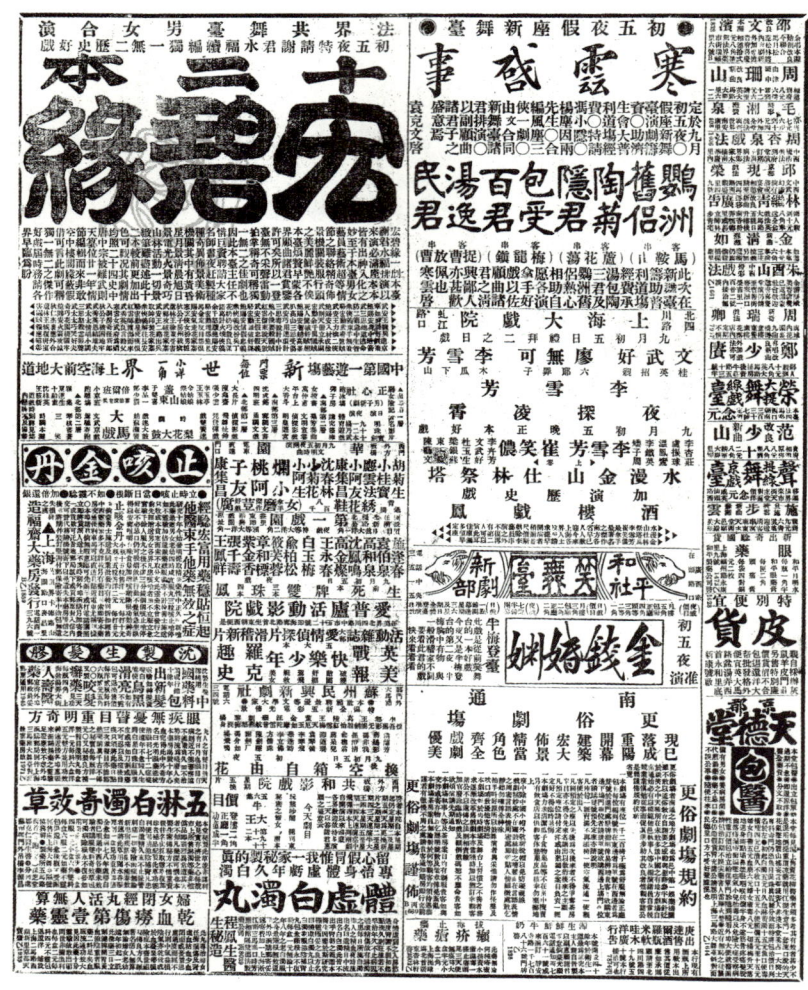

1919年10月28日,《新闻报》登载《笑舞台》《南通更俗剧场》

剧场开幕的消息却在上海的大报上刊登广告,可见欧阳予倩参与的更俗剧场已经引起上海方面的关注。

1919年9月6日,伶工学社开学;9月8日,西公园戏场正式开演;11月1日,更俗剧场开幕。这座新式现代剧场成为欧阳予倩开展传统戏改革的实验田。欧阳予倩利用不同于传统旧戏班的现代方式管理这座剧场，首先就是主张废除"跳加官""破台"等迷信行为。"南通更俗剧场于重九节开幕。是日上午十一时先行落成。礼官绅商学各界先后莅临，盛极一时。由张啬老（张謇）亲自升旗，来宾致贺，先后入席。工程主任报告账略，退、啬老暨来宾次第演说。孙发绪君借题发挥，历数古今政治舞台上思唱更俗戏剧者多而唱成者实不数觏。并及近日诸伟人之所由失败语多解颐。演说毕，摄影而散。内幕中尚有一趣闻。俗例舞台落成须杀鸡祭台，武行伶工戈矛剑戟一齐出台，腾踔跳跃状，如古者傩之逐疫以拔除不祥，否则谓将不利于伶工。当上午行礼之前，诸旧伶欲循例祭台，欧阳予倩坚持不可。诸旧伶谓相沿如此，否则神弗佑也。欧阳谓此不过迷信耳。即有鬼神状元，是文曲星亲自降临为舞台升旗，小鬼宁不直退三千里，而必待诸君之乱跳乱舞，然后远避乎？乃相与一笑而罢。"通过这则 1919 年 11 月 6 日载于《新闻报》的史料《更俗剧场开幕趣谈——张四先生亲自升旗》，我们可以看到更俗剧场从剧场开幕仪式开始，欧阳予倩就力主与封建迷信等陋习划清界限。

更俗剧场开幕时，北沧撰文《更俗剧场落成开幕祝词》，徐海萍、吴我尊同祝。这篇载于《公园日报》1919 年 11 月 1 日的祝词曰——

> 吾国之有新剧场，当首推北京之第一台。而次则沪上。内地之有新举措，当首推南通。南通之剧场，不以大舞台、新舞台名，而以更俗名，顾名思义从可知矣。更俗剧场之开幕，为吾通社会教育之新纪元，人类之福音，也曷言之社会学家有言，社会为个人所造成，故人无有能离社会而生者。

社会之善恶关系于文化之进。

　　情感希望个人社会之革新，而文学中真能描写人生的主观客观两方面能一一表现之当，非写情记事之韵文散文所能为力。小说虽可就所见世界绘一惟妙惟肖之小影，或以体积太长难以精辟。一贯人生真相不能以极鲜明之方法将社会个人之弱点显露于前，以极深刻之印象，此戏剧所以为言语、动作之美术居文学之最上乘也。故西国文豪鲜有不以小说名者，亦鲜有不以戏剧名者，其受国人之崇拜也，虽旷百世而不衰减是故耳。

　　我国之旧剧自唐有梨园之设开元朝，分太常俗乐以左右教坊典之为今剧之鼻祖，当时惟供皇室之娱乐，与平民固无与也。降及后世，莫不如斯。平民亦无衣冠宴会粉墨登场……旧剧者，有一人独唱、二人对唱、二人对打、多人乱打、十六字之归纳声腔。一言以蔽之，旧戏之大部分不过描写专制时代皇室之举动，有时不第，不能改良社会，且适足以有害于社会。

　　此《更俗剧场规约》所以有西域旧剧及舞台上习惯之不善者，务求逐渐改革旧戏剧本，亦当随时加以删定之。宣言藉已往之陈迹，作现在之改良以应目前之急也。

　　以是观之旧日之戏剧，规则文艺之一夜。近则以世界人类之思想举动迥异于昔社会与个人。表示其生存之价值者。亦渐次不同于往日，是故新剧之排演，乃不容或懈而皮黄、昆曲，当退居于历史的艺术之地位。今日者，固吾国戏剧承前启后之。……发达与提倡国语之一事当有相得益彰之势焉（今者观剧之人因言语之隔阂，多有不能完全领略剧中情节者）。此后之戏剧或将全废唱本而归于说白，亦未可知。新剧既则举凡新思想之冲突……国民生活与竞争。唤醒人类之良知，民众之精神，男女之问题，尊重个人之人格等等。莫补足以描写而与管着以极深刻之印象。以维系教育之标准。前途之进步，正为可量也。

于此国事蜩唐风云未已之中。而南通之社会教育依然积极进行，以求根本之解决，诚哉其为无通父老兄弟姐妹之福音。更俗剧场之开幕信可贺已。

此外，《公园日报》（1919年11月2日）徐海萍撰写的《参观更俗剧场落成大会记事》记录了一百多年前更俗剧场开幕的景象："昨日更俗剧场行落成礼，记者前往参观入场已十一时，嘉宾云集，政商学界重要人物均到，真一时之盛。兹记其仪节如下：（一）乐奏；（二）升旗；（三）致贺；（四）入场；（五）报告工程概略；（六）演说；（七）来宾演说：1、陈章云先生报告账目，2、予倩报告办理伶工学社经过情形，3、退老演说，4、啬老演说，5、瞿县长演说，6、前山东省长孙慎斋先生发绪演说，7、马息深先生演说，以后略；（八）摄影（以张孝若先生有事他去，缓日举行云）；（九）奏乐；（十）散会。此次盛会最予记者以满足者则以如许之，宾客而雍容静穆秩序井然毫无喧嚣之声。可见南通社会程度之高。其中演说退老之辞，平易近人，语气和蔼。啬老之辞周挚恳切，切中人心。瞿县长对于剧理多所阐发，孙先生之辞颇长跌宕生姿，听者叹赏，马君之辞朴实，实可钦予倩君之辞清新俊逸，惜记考记忆力太劣且不擅速记法，不能一一录出为憾耳。"

1919年11月2日《公园日报》还有《参观更俗剧场落成之大会批判》一文也记道："吾国社会对于会场向有一种争先恐后、谈笑喧闹之习惯，尤不注意卫生（如吐痰及抛掷果皮烟头之类）。当演说之际，尤不能注意静听，谈笑者有之（甚至台下之声浪高于台上）。倦卧者有之，凡此诸现象，恒为外人所非笑，尚自以为细事不知外人，藉此以观吾国社会之程度。而启其轻蔑侮弄之心，关系至钜也。洒昨观更俗剧场行落成礼，场内事事精洁，固不待言而来宾能谨守秩序，雍容静肃。凡上列诸弊，扫去无遗以极大之会场千百人之会众，升降揖让不觉丝毫拥挤，不闻些微哗笑尤为绝无仅有特别优美之点。从兹益信南通教育为全国之模范。退、啬二老平日之抱负盖完全达到矣。"

意寓"除旧步新，移风易俗"的更俗剧场是一座专业性很强的剧场。剧场建筑由南通著名建筑设计师孙支厦应张謇先生之邀，考察日本等国家后，模仿上海新舞台设计而来。剧场为马蹄形外观，内部构造舞台、观众席、后台、前厅、演员宿舍等满足演出所需，合理规划，错落有致。更俗剧场更值得说道的是剧场内里精神气质、核心内容和顶层设计的先进性和卓越性。

更俗剧场的舞台（上）和观众席（下），笔者 2020 年 9 月摄于江苏南通伶工学社

更俗剧场的开幕戏为欧阳予倩新排的优美新剧《玉润珠圆》。演员阵容包括：欧阳予倩、薛瑶卿、吴我尊、张月亭、查天影、邹剑魂、李琴仙、陈月芳、张福奎、郭庆丰、彭春芳、李寿仙、李桂荣、冯春奎、甘德才、廖庆喜、包慧生。

关于这次演出的情况，我们可以从吴我尊写的《更俗剧场〈玉润珠圆〉之好成绩》（《公园日报》1919年11月4日）一文大概做一了解："更俗剧场开幕之夕，演予倩君所编之《玉润珠圆》。其剧本余已有批判。及试演后，虽布景道具间有不完全演员台词，间有不周密要义，大体实可当优美二字。最可钦佩感谢者则观客始终静听心与神会。故演者与观者之呼吸翕然相合（日本名优高田宝君有言，演剧之所以能动人者，因能与台下呼吸相合也。凡不能动人者，皆未能与台下呼吸相合也。余常叹为名言）。演者忘其身，在台上观客亦几觉身入境中，此为中国剧场绝无仅有之现象。不图于南通见之，而今而后充予倩脑筋学力所至，充观者脑筋学力所至，如针引磁，如胶投漆，一剧不已，继以多剧，剧本之取材、构造之程度，继长增高非至南通观剧之眼光，为全国第一不可破题儿。第一遭已有如是之成绩，余幸附骥尾，虽欲不狂喜，安得不狂喜哉。"可以看到，欧阳予倩编排的新剧《玉润珠圆》演出是非常成功的，观众也展现了新的面貌。

对于这次演出，欧阳予倩这篇载于《公园日报》1919年11月10日的《桃花不疑庵琐谈》一文反思说："《玉润珠圆》一剧发挥进取之思想，也拟易名《坚忍之胜利》，不知观客诸公以谓如何。是剧予倩编成后，颇有不满意处。一剧本之结构务能精密而峭洁，今取其易于了解。凡能示之以暗场者，不得不用明场，冗长之诮在所难免。然较之普通之所谓新剧，似略胜耳又归结处，非近代社会剧作法,盖凡含有通俗教育性质之戏剧,不得专从艺术着想矣。(以上就编制上言,至于人才与舞台设备上之缺点别写一问题焉)。"

欧阳予倩还亲自担任更俗剧场后台经理。他破除"破台""祭老郎神""杀鸡吓鬼"等迷信旧俗,不用"破台"就开始演出。由此,"破台"的旧俗迷信及种种错误论调慢慢烟消云散。在当时,不"破台"就开始演出是极为少见的。更俗剧场"除恶俗、立新风",种种改良,体现了"更俗"二字的意义,具有相当的进步意义。

张謇题更俗楹联

《更俗剧场规约》

更俗剧场的舞台、观众席、后台、休息室等建筑均参照上海新舞台的建造模式而区别于传统古戏台。最值得说道的是更俗剧场的管理。欧阳予倩任后台经理，亲自制定了《更俗剧场规约》。对剧场的管理和观众的约束为戏剧良好的观演环境提供了条件。后又颁发《更俗剧场特别紧要广告》作为补充。

更俗剧场的硬件建立起来之后，剧场的软实力建设就在欧阳予倩的指点之下，点点滴滴，润物无声。更俗剧场有一份完整、细致、专业的剧场管理文件——规范观众进剧场看戏的行为又不失人文精神关怀——即欧阳予倩先生怀揣对戏剧的热爱、对演员的尊重、对观众的负责而制定的《更俗剧场规约》。它开创了中国剧场文明管理的先河，在讲卫生、讲秩序、讲文明方面开了时代新风。《更俗剧场规约》的制定，体现了欧阳予倩对于建造一座新式剧场的决心、耐心和细心。

通过这份规约，我们看到了在当时那个年代，刚刚经历过五四运动的中国，出现了欧阳予倩、张謇等一批具有进步思想的人士。在"规约"的规范和牵制下，剧场里，演出的时候没有人吐痰、嗑瓜子；演员不会从后台向观众席探头探脑。规约中许多条目是中国近代以来剧场管理具体措施的首次提出。这些规约，今天看来依然实用，可以想见一百年前多么超前！尤其是在当时勾栏瓦肆鱼龙混杂之间，出现这样一份规范的"规约"实在难得，可以说是新思想的新举措。

《更俗剧场规约》的专业性体现在：对剧场观众席座椅的规范、对剧场环境及卫生状况的要求、对观演关系的重视、对观众视听感受的关照、严明的计划性但不失灵活变通、责任明确奖惩分明等。

第一，规范剧场观众席，规定看戏凭票入场。首先体现在对座椅的合理安排。据《更俗剧场规约》，更俗剧场有一千两百座位，应是一座大剧场的规模。如果没有严谨有序的安排，观众进入剧场乱坐，场面定会极为混乱。不安顿好前来看戏的观众，舞台上演员的表演也无法正常进行。这就需要在每个座位上贴号，几牌几号与观众票根上对应起来，如此，观众凭票进入剧场，便可以很快找到自己的位置落座。

一千两百座的大剧场如果只有一个门供观众进出，必然造成拥堵及混乱，严重时还会出现事故。欧阳予倩超前地在《更俗剧场规约》中规避了这一问题，他采用单双号入口的方式，"无论正厅、包厢，每位编列号数在东边者，为单号；在西边者，为双号。于进门处悬牌指明俾益辨晓"。

"凡座位一经卖满，不再添椅。"对座椅安排节制有度，不随意添加。如此一来，利于空气流通，利于观众出入。"凡经预定之座以先后为次，后来者不得争夺茶房案目，亦不得令先来者让出以敷衍后来之主顾。"允许预定位置，但需提前说明，付定金，并有先后之序，且预定座位者，无特殊情况不允许随意更替或取消。有力保障观众席的现场秩序。并且严格规定预定座席的流程，方便后台管事的及时掌握售票情况，合理安排剧目的上演与整顿，以及票房统计。

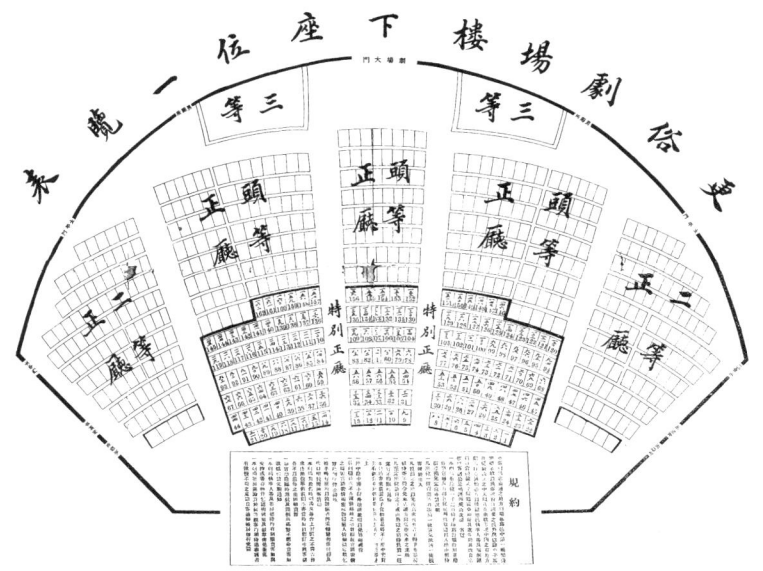

更俗剧场观众席平面图

第二，对剧场环境、卫生状况提出新要求，更是"破天荒"改革。明清戏曲繁盛，长期以来，一批对戏曲感兴趣的"票友"定期出入各勾栏瓦肆。这批人只关注舞台上角儿的唱腔身段是否符合他们的口味，并且有"店小二"为他们端茶送水，瓜子瓜果也随之奉上。边看戏边喝茶、嗑瓜子成为常态，已习以为常。从剧场管理角度来说，这些陋习严重影响剧场的规范管理和长远发展。欧阳予倩在《更俗剧场规约》中明确"本剧场力求清洁。瓜子食物果品等不再座中揽卖，另有饮食店以供客休憩，果皮瓜核幸勿弃掷地上"，虽只是小小环境卫生的要求，确是了不得的"首次提出"。

剧场里首次明确规定不允许随意丢弃瓜皮纸屑，虽然彼时观众接受起来或许需要一定时间，却使得中国剧场的管理与发展离"文明"又近了一步。

第三，重视观演关系，重视观众视听感受。"座中除中国小帽外，敬祈脱帽以免妨碍视线。"当时社会各方面虽然有一定发展，但却较为缓慢。许多陋习依然存在于人们的生活习惯中，许多言行举止还较为落后。欧阳予倩从观众出发，顾及观众视听感受，做出除中国小帽之外其他帽型需要取下来的规定。这一细节体现了欧阳予倩对观演关系、观众视听感受的重视，充分以观众为本。

"拍手叫好，原所以鼓舞演者与采惟，请勿作怪声及吹口哨，致扰他客清听。"欧阳予倩还对观众鼓掌提出要求，一来有利于观众观剧素养，二来有利于营造和谐的观演环境。

第四，规约制定者心怀对戏剧的尊重和敬畏。一般剧场管理者往往仅着手剧场表面管理，缺失对戏剧的理解。欧阳予倩对剧场的管理，建立在对戏剧的感知基础上。他在规约中明确"戏剧精妙处不在锣鼓丝线之嘈杂，而在言语表情之周密，言语表情周密处即体贴人情细致处，敢乞静听，勿哗俾全神味"，启示观众用心感受演员的表演，而不仅仅留于附和表面的热闹。

第五，计划性很强，但不失灵活变通。不随意、不临时增加或删减已定事项，包括但不限于上演剧目、演员、座次、票价，一切都在有序中发展。"加官府除临时点戏及颠倒戏码恕不应。命贵客如欲烦演请先期通知"，有力保障了剧场剧目的秩序运转，避免手忙脚乱，惊慌失措。一旦遇到突发情况，随时准备灵活应对。

第六，人事管理严明，奖惩分明。对人的管理和考核，是管理的大学问。可以说，人是最难管理的，但又不得不管理。"本剧场执事人等及茶房案目均有制服，贵客如与交涉或寄存物件乞认明号数及徽章，俾免紊乱。"物件及人员都有明确标志，便于辨认。

"本剧场茶房案目无论对于何等观客均须待遇恭谨。若有傲慢不周之处，请贵客通知账房即行究罚。"欧阳予倩在《更俗剧场规约》中明确对人的管理，要求剧场从业者对观众态度需恭谨，不得有傲慢不周。一旦有冒犯观众，观众可到账房要求对其进行究罚。欧阳予倩始终将观众视作管理方面重要的考量点，将观众利益放在最高点。体现了剧场管理者的专业和严谨。

如果说《更俗剧场规约》的专业为更俗剧场运转提供了基础保障，还只是大厦基石的第一层面，那么更为重要的则是其中透出的人文关怀。这是更俗剧场的气质不同于其他剧场的根本所在，也是让更俗剧场在百年后的今天依然被人们津津称道的关键。人文关怀亦为专业的一部分。

《更俗剧场规约》的人文关怀，首先体现在以人为本的态度，始终将观众放在第一位。"本剧场有座位一千二百，椅子极为舒服""预先定座亦请说明""凡座位一经卖满，不再添椅。一使空气流通，一使观客便于出入"，座椅的舒适度、实行单双号入场、允许预定座位，考虑到观众观演舒适度不单纯为增加票房而随意增加座椅，为了不妨碍观众视线要求除中国小帽之外其他帽子脱下等，这些都体现了欧阳予倩的人文关怀。很多时候，专业不仅仅是规章制度的建立与实施。人文关怀和友好氛围才是一座剧场长远可持续发展的立足点。

《更俗剧场规约》的人文关怀，还体现在其中透出的改良精神。《更俗剧场规约》的制定，是为规范更俗剧场的运转。"未敢多让中国之有地方剧场自南通始。必有以模范他邑执事人等及编演诸员，自当兢兢业业、慎勉从事，而促其进步，助其改良者，为观客诸公是赖谨布规约伏祈省览。"欧阳予倩制定《更俗剧场规约》，态度恭谨，从助力中国戏剧事业发展角度，敢于与过去的陋习划清界限，但又不是盲目超越，而是以改良的态度，取精华，去糟粕，慎勉从事。

"凡经预定之座以先后为次，后来者不得争夺茶房案目，亦不得令先来者让出以敷衍后来之主顾。"改良是为了更好地发展，改良也需要大刀阔斧的勇气，更需要明是非理的智慧。既是改良，便不可避免会触犯一些人的利益，或是一些既定成俗的旧习。这是改良前路光明，道路却曲折之所在。从这条规约中，可以看出，欧阳予倩改良不是乱改，而是为让剧场的发展更为有序、更为先进、更为光明。先来后到，次序有致，乃是发展之基础。然而，长期习惯于陋习生活的观众往往疏忽最基本的要求。欧阳予倩的改良，唤醒人们的觉知，让剧场管理和人们的生活更为文明。

"本剧场对于旧时剧场及舞台上习惯之不善者务求逐渐改革旧戏剧本，亦当随时加以刊定。幸观客诸公不以谴传之法则相责难。"前文提到，欧阳予倩不同于一般剧场管理者最根本之处在于其懂剧本，懂戏剧，懂表演，懂导演。伶工学社和更俗剧场建立起来之后，第一件事就是改良旧戏。他自己编写剧本，给学生排练，在更俗剧场上演；观众来看戏，又需遵守这文明规约，这就形成了良性循环的戏剧生态。

到南通的前一年，欧阳予倩在上海日本人办的《讼报》上发表《予之戏剧改良观》一文："予以为一须组织关于戏剧之文字，二须养成演剧人才。文字约分三种：剧本、剧评、剧论。"欧阳予倩对传统戏曲的改良，是全方位的。在剧本、剧评、剧论之外，对剧场管理的改良则渗透在《更俗剧场规约》中。

《更俗剧场规约》的人文关怀，亦体现在其中表现的经营变通能力。俗话说计划赶不上变化，再周密的计划也有临时突发情况的存在。《更俗剧场规约》便对可预见的突发情况进行了灵活规定，例如，允许预先定座，但要求提前说明，并且支持定金，如无特殊情况不允许反悔。"预先定座亦请说明""凡预定座位请付定洋，或由熟识之案目负责。一经定好，不得临时退悔。"这样一来，保障了观众席的上座率，也没有给剧场管理带来压力和负担。演员表演时，情绪颇为重要。稀疏的上座率和爆满的上座率，都会影响演员表演情绪。如此变通管理，合理安排剧目，便可掌握管理的主动权。

"加官府除临时点戏及颠倒戏码恕不应。命贵客如欲烦演请先期通知。"在当时社会环境中，官府及大户人家红白喜事盛行点戏，如果没有有序的管理，便不好应对说来就来的"点戏"。欧阳予倩在《更俗剧场规约》中明确，不应临时点戏，点戏需提前通知。这样一来，在保障剧场有序的前提下，也有利于保证剧目的品质。

"戏剧本身固然要注意社会教育，然而提倡美的艺术，尤为最高的目的。"《更俗剧场规约》便是规范的美，理性的美。

消防，是剧场管理的重要一环。《更俗剧场规约》关联的条例就有"如遇到周围火警，可以停演去救火"的规定。这也是依照上海新舞台的规定。救火会员由武行演员充任，救火设备、全部工具购于上海，例如：铜盔、铜灯、长筒皮靴、呢制服、防雨布、药水灭火龙等（龙头由专人负责），平时作演习训练，日夜有专岗眺望，台上演戏时如发生火警，即刻抽出闲人，赶赴火场。救火的经费则来源于欧阳予倩的演戏酬劳。救火队勇敢迅速，深得各界公认好评。更俗剧场救火队是较早的消防演练形态。

还有后台演出规约十多条，如：不许带酒上台；后台不许随地吐痰；不许高声喧哗；台上演出不许斗笑；不许吐痰；演出时，除久跪之外，一律不许给跪垫；排戏不许迟到早退；后台不许带人看戏；凭票入场，自行购票到前台池座看戏；伶工学社的老师和学生有校方证明或通知，可以免票参观；不接受"堂会"；不许案目包揽座位；台上不许放彩火（松香）、不许甩垫子、不许饮场、不许扒门帘等。这些规约，在旧的班规中是没有的。充分体现了欧阳予倩的改良精神。

除此之外，《公园日报》（1919年11月8日）所载的《敬告观剧诸君》一文还写道："来更俗剧场观剧诸君亦以其所定规约为苛严乎，昔者座位不一定也，今则依号而入座，不得稍凌乱也。昔者观客于开演时间可随意食物也，今则非休息时不可也。其余若脱帽禁吐痰禁高声等种种条件，似均足束缚观客之自由。较之昔日迥不相牟故，吾恐诸君胸怀必抱有一种心理，以为剧场游憩之所，非议会、教堂之可比。来观剧者，原不过图心意上

更俗剧场救火会

之愉快，竟限以最拘束之规约，必觉太怪、太苦而不堪。受此嫌其苛严者，不明其意旨之故也。夫吾人身处剧场中，而欲注意集中于舞台之上，则必销减四围有碍吾注意之种种事情。若人无定位，则最初之选择中间之迁徙势必行动不已，一人尚不大碍，数人以上则秩序必大扰乱，影响于他人之视听，实大至于碍于剧场管理方面又一事也。人之饮食，须有定时，在剧场之随意乱吃，本不合于卫生（吃西瓜子予最不赞成，因吃一点就要消耗唾液不少）。加之果壳瓜皮投掷满地，亦非剧场清洁之道。若为充饥果腹计食之于休息之时，亦未尝不便也。至于帽之阻视线、痰之碍卫生、声之防听觉，禁之本情理中事，又何怪之有哉。况吾通自治成绩号称先进，百事必须有与人为法之计划。剧场虽一游戏场所，耳实足以观吾民之程度，故尤在破除而习惯而发现自治之精神，是以深愿观剧诸君谨守规约，幸毋得以个人小德出入之不足系，而致害及全体之荣誉也。"

徐海萍的《转告观剧诸君》登载于《公园日报》1919年11月10日。"记者友人甚多对于《更俗剧场规约》均极表赞成。偶在剧场中耳染目及因有所陈述于余。余乃转为供献于观剧诸君之前，剧场规约至为严整，具见自治之精神、语云法之不幸、自上犯之，啬师有鉴于此，以身作则，洵可风也。今就卖票进场一事言，中下社会人，如未买票而若先入场，门警自不通融。若衣冠齐楚，所谓社会的体面人物，未先买票竟公然大摇大摆而进场，门警见之，亦无可奈何。惟听之而已。在旁观者必以为门警之不尽听，孰不知若门警言语中稍含干涉之意，则此等人物必致厉声呼斥，反有干涉门警之干涉者，若是为门警者，亦苦矣哉。是故予等为维持贵剧场规约，计愿全吾通自治名誉计，深愿此等人物诸君，上体啬公以身作则之苦心下，存与人为范之美意，谨守剧场规约，庶几将来日臻完善，不负自治之荣誉也。"此种呼吁为更俗剧场树立和维持文明观剧环境加码。

更俗剧场的良好秩序还可以从吴我尊这篇《可喜哉南通模范之军队》（《公园日报》1919年11月13日）感受到。"……即平时游行市中，买求物品，亦绝无争执喧闹之事，而入酒肆戏馆，尤静肃而知礼节。日者更俗剧场延之观剧，颇有至后台观览者，守门者婉言谢之。伊等遂逊谢而出，更无再入者。余目击情形，深为叹服。"

更俗剧场开了当时社会的新风尚。《公园日刊》1920年4月

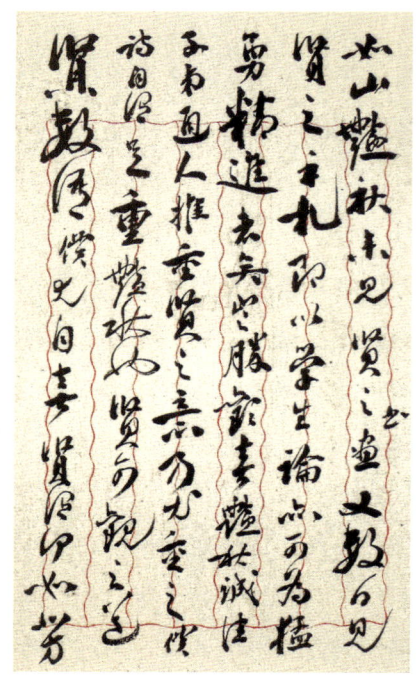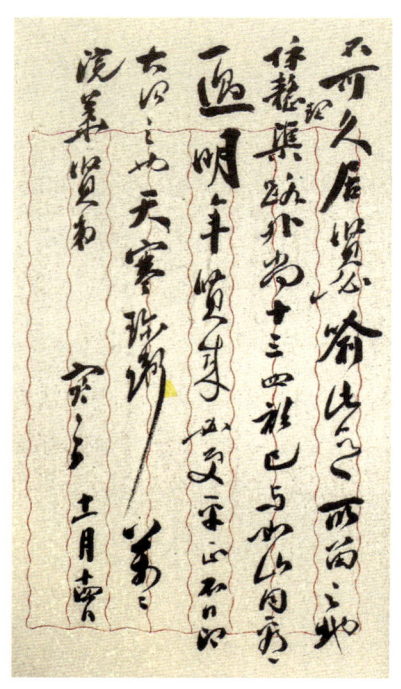

程砚秋来通演出时张謇给梅兰芳的专信

11 日有文："中国戏园中，最讨厌的就是茶房、绞手巾、卖甘蔗、闹个不清楚。要除去这种恶习，只须在戏园内另开一所，欧洲戏园中称作休息所。看客在幕下后休息五分钟的时候，可去吸烟、散步。有两种好处：在演戏的时候，可以免去不相干人来胡闹；可以实行'休息五分钟'的制度。现在欧洲最新的戏园都没有包厢了，所以戏园的形式大都是长方形马蹄式的，这个也是戏园工程上一方面的进步。去年阳历年底，梅兰芳不是到过南通去演过一次戏么，他动身以前，南通戏院对梅兰芳提出了三个条件：演戏的时候，不准人拥挤台后观看；在台上不可喝茶；不可抛掷垫子。吾又听得人说，南通戏院现在实行座位号码制度，这几种改革，虽是极细微的事，然而要真正改良中国戏曲，不可不从此入手云云。"

伶工学社

伶工学社也由实业家张謇出资建设。张謇担任伶工学社的董事长,张謇之子张孝若任社长。欧阳予倩被聘为伶工学社主管教务的主任。此外,当时还有调育员:沈冰雪、杨子廉、宋痴萍、曹慰祖、王品芳,庶务:谭训明,书记:倪俊夫,校医(中医):王品芳等职位和人选。

虽然欧阳予倩是张謇请来南通主持更俗剧场和伶工学社的,但从任职分配来看,欧阳予倩仅是具体岗位上的"职员",并未能掌握实际话语权。欧阳予倩虽然具有改革意愿,但是推行过程中受

伶工学社,笔者 2020 年 9 月摄于江苏南通

到上游的制约明显，这也是南通未能"更俗"的显性原因之一。

对于伶工学社，吴我尊在1919年10月22日《公园日报》上撰文《说戏剧》提到："伶工对于社会应负重大责任有二：（一）默化潜移造成国民之良风俗好趋向。（二）敦品植行，使人敬爱，而臻艺术于神圣不可侵犯之地位（如是戏剧乃生补助教育，辅翼社会之效力）。此二条中，尤以敦品植行为第一要义。盖伶工之地位及其责任，与宗教家为近（宗教家与伶工牺牲政治上受莫大之好影响故云相近）。几见宗教家不修身自重而能尊崇其教者乎，为伶工者。可以深长思矣。"

伶工学社校徽，笔者2020年9月摄于江苏南通

1920年8月10日到29日的《通海新报》连续刊登《南通伶工学社招生简章》，向社会招收学生——

名　额　三十名

资　格　身体健全、面貌端正、音吐洪亮

年　龄　九至十五岁

程　度　不拘但至低须有国民学校二年级程度

地　点　南通望仙桥

考　期　自登报日起至阴历七月二十日止随到随考

待　遇　学费、食宿费、制服、书籍讲义统由学校供给

社　章　在本校领取

志愿书　录取后三日内由保证人到校亲填

欧阳予倩为伶工学社学员请了一众名家前来授课教学，并设

置了课程计划。

伶工学社课程设置和任课老师

上午：戏剧专业课	下午：文化、艺术课
昆曲：薛瑶卿、陈灿亭、施桂林	国文：宋痴萍、施北沧、梁绍文
京剧：	算术
老生——赵玉珊、张彦堃（文老生）、沈雅轩	历史：宋痴萍
小生——常月峰、潘海秋	地理
武生——吕小卿、周庆恩	英文
老旦——冯子和、吴品仙	音乐：刘质评、梁致中（西乐）、姚某（音乐助教）
青衣——吴我尊（兼批审书法）	体操：徐半梅、潘伯英
武旦——水上飘（武庆秀）	国画：陈六阶
话剧：欧阳予倩	舞蹈：徐璧城
西乐：陆露莎、西堤（日籍）	

各课其他曾任老师：苗胜春、李琴仙、徐海萍、李月恒、周俊民、张福奎、刘钟林、张荣奎、程君谋

欧阳予倩主张"通才教育"。伶工学社的学生兼修戏剧专业课与文化课，包括：昆曲、京剧、话剧、舞蹈、音乐以及语文、地理、历史、算数、体操等。欧阳予倩认为，演剧就是根据剧本，辅以配饰、布景服装，适宜的音乐，通过表演使剧本与演员的精神一致，并表现于舞台上。

伶工学社军乐队，笔者 2020 年 9 月摄于江苏南通

一百年前，欧阳予倩提出了不同于科班只学技艺不学文化、打骂体罚的戏剧教育观念："募集十三四龄之童子三五十人，于其中选拔优良，授以极新之艺术；不收学费；修业二三年后，随时可使试演于舞台，以资练习，并补助学费；课程于戏剧及技艺之外，宜注重常识及世界之变迁；卒业后，须服务若干年。伶工学社的办学方针和规则是：南通伶工学社是为社会效力之艺术团体，不是私家歌僮养习所；培养改革戏剧的演员，不是科班；提倡白话文、男女平等；力图培养出有新文化知识和修养的演员，改革戏剧。"

欧阳予倩还组建了一个管弦乐队。1920 年 6 月 28 日，伶工学社举行第一次音乐演奏会，《通海新报》报道"伶工学社第一次音乐会志闻"："本县伶工学社开办业已年余，学生成绩斐然可亲。近又得苏沪著名昆曲戏剧家为之教授，程度益臻优良，现该社执事择期旧历十三日晚就更俗剧场舞台开第一次音乐演奏会，集合全社学生表演钢琴及跳舞诸艺，暨各种昆曲戏剧并特烦罗、董、欧阳

欧阳予倩编导的歌舞剧《快乐之儿童》排练照，笔者2020年9月摄于江苏南通伶工学社

予倩、赵桐珊、查天影诸艺员奏演拿手好戏。该社先期制备入场券（券分红黄绿白四色、价目各等差），券背并刊明节目附录于下：一开会词，二齐唱及二部合唱，三风琴联弹，四齐唱，五洋琴独奏，六齐唱及二部合唱，七风琴独奏，八三部合唱，九洋琴独奏，十跳舞，十一齐唱，十二洋琴联弹，十三三部合唱，十四洋琴独奏，十五齐唱及二部合唱，十六风琴独奏，十七齐唱及三部唱，十八风琴洋琴合奏，十九跳舞，二十余兴（甲罗筱宝、董俊锋《捉放曹》；乙欧阳予倩、赵桐珊、查天影《人面桃花》）。"

《公园日报》最初是张孝若等人仿效上海剧场办报而创建的南通地方性报纸，现在成为今天研究欧阳予倩在南通期间演剧行动的珍贵史料。但是，《公园日报》现存相当不全。目前，可以找到最早的日期是中华民国八年10月8日（1919年10月8日，阴历己未年八月十五日）。

第一版刊载本报经理：薛秉初，编辑主任：吴我尊；发行主任：徐海萍。公布《公园日报》售价：每日一张售铜板一枚，预定一月铜元三十枚，每逢礼拜三六礼拜日准演日戏风雨无阻。

还标有日戏价目：特别全包厢大洋八元小帐八角，半包减半，

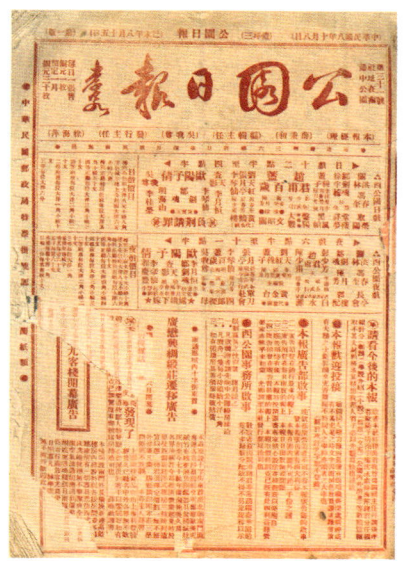 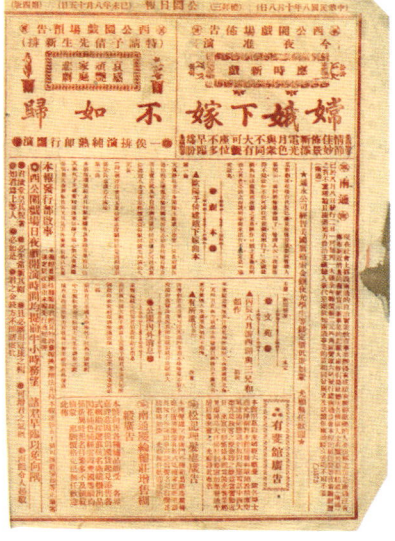

现存最早日期的《公园日报》第一版　　现存最早日期的《公园日报》第三版

楼上全包厢大洋六元小帐六角,特别正厅、特别包厢每位大洋五角小帐五十文,头等正厅每位大洋三角小帐三十文,头等厢座每位大洋二角小帐二十文,二等厢座每位大洋一角小帐十文,三等每位大洋六分。

夜戏价目:特别全包厢大洋十元小帐十角,楼上全包厢大洋八元小帐八角,特别正厅、特别包厢每位大洋六角小帐六十文,头等正厅每位大洋四角小帐四十文,头等厢座每位大洋三角小帐三十文,二等厢座每位大洋二角小帐二十文,三等每位大洋一角,童仆照座减半,香茗每壶六十文,瓜子每盘六十文,水果每盘小洋一角,日报一份每客带收十文。

西公园戏场的日戏是从十二点半至下午四点半。这一天演出的日戏是《贾宝玉负荆请罪》。演员有(按先后排名):欧阳予倩、查天影、吴我尊、邹剑魂、李琴仙、明海山、李月恒、李桂荣。夜戏是从下午六点半至晚上十一点半。夜戏演的是《嫦娥下嫁》，演员（按先后排名）：欧阳予倩、查天影、邹剑魂、李琴仙、李月恒、郭庆丰、徐半梅、赵会亭、李寿仙、包慧生。

剧目《嫦娥下嫁》旁边写着"电光月景新奇歌剧"，除了表明剧目类型是歌剧之外，"电光月景"还可以看出当时更俗剧场在灯光、布景、舞台机械等硬件方面的条件已经非常先进。在剧目《嫦娥下嫁》演员里出现徐半梅、吴我尊、邹剑魂等人名，这表明欧阳予倩从上海到南通时不是独身前往，而是与昔日上海舞台和自己搭戏的吴我尊、徐半梅等人一同到的南通。

报纸第四版用"应时新戏"形容当晚（1919年10月8日）在西公园戏场上演的《嫦娥下嫁》，并说："情节佳妙，布景新添，电光月色，与众不同，大有可观。座位不多，早临为盼。"欧阳予倩编写的《嫦娥下嫁》曲本也记录在这一天的《公园日报》中——

第一曲

天风静，桂香冷，步开阶，玉殿处，凉微云，一抹长前尘休忆，怕的是扰乱衷肠。但愿仙居无恙，却喜桂树长荣。身居七宝宫阙，万年自保幽芳。望舒何往，望舒何在，我与你遨游八方，望长空轻烟荡漾，倚银河清光四满，地久天长。

（诗）拂净浮云见玉真，仙家谁复斗娉婷。岂因朔望形圆缺，长为虚心不满轮。

第二曲

步碧落，环佩归去，月如银，罗楼瘦，袅袅踏芳尘。怕只怕天风吹下步？声，暗地透春信。杂了仙心，散天香，舞态怂惺，散天香，舞态怂惺，又只见云外银汉前横，只锁驾木兰一舸问双星。

《公园日报》还刊登剧人、社会人士、观众撰写投稿的小文。例如这一天刊有："某新剧家在后台化妆已毕。见所布背景。即向管理人质问云：'为何将布景弄错了。'管理人云：'我原布得不错，汝如不信，可同往看提纲就明白了。'及视提纲，孰知该艺员将夜戏之某幕误作日戏之某幕，而所扮之角色，亦因之而误。所幸尚未出台，不然定是一场笑话矣。"

这一天的《公园日报》第四版还写着："西公园戏场预告——特请予倩先生新排哀感顽艳家庭悲剧《不如归》。"最左侧印有："君欲堂皇其貌者，必先常新其帽，且必购用冠康之帽，可增君之气概，而能令人起敬。"

通过《公园日报》可以看到，南通西公园戏场和更俗剧场的剧目上演密度非常大。几乎每天都有日戏或夜戏，有的甚至一天内上演日戏和夜戏。欧阳予倩在这里仍然以演员身份登台唱戏，他的名字频频出现在《公园日报》的演员阵容里。

《公园日报》在张孝若接任社长后，于1920年4月10日改名为《公园日刊》，版面设计突出了"孝若"二字。这一天的《公园日刊》第四版发布了一则广告，"南北欢迎文学大家、新旧两戏巨子、著名青衣欧阳予倩今夜《黑籍冤魂》"。与前《公园日报》以大版面、大字体介绍梅兰芳到通，"礼聘名传域外、色艺双绝、天仙化人、青衣花旦梅兰芳"一样，同样的大版面、大字体宣传欧阳予倩的演出，可见当时欧阳予倩与梅兰芳在表演方面的地位相当。

欧阳予倩演出的《黑籍冤魂》一剧的说明书载于《公园日刊》1920年5月12日——

沪上初有新剧，就有《黑籍冤魂》发现。诸君知道是什

么人编串的呢？就是那热心社会、急公好义的夏月珊君排出来的。夏君看了当时鸦片盛行，吸了的人没有个不倾家败亡以至饿死穷途的。他心中顿然生了劝世年头，把上海实事编成一剧新剧，自己现身说法，以便唤醒那班黑籍的人。用心很可佩服的。这剧大概事实，是有一个富家子弟，叫做甄勿戒，他的父母，恐怕在外面玩顽花钱，便教他吸鸦片。那么他就可以不出去了。谁知勿戒烟一上瘾，就弄得一塌糊涂。家里财政权就拿在别人手里了。后来他父亲死的时候他还是吸烟要紧。你看他荒谬不荒谬。因此他妻子竭力劝他戒绝，他竟执意不听，他妻子买了戒烟丸给他，他放在口袋里，把衣衫挂在壁上。他的儿子疑惑是糖，乘着父亲不在那边的时候就偷吃完了。你想那戒烟丸里，总含有烟灰、吗啡，这一下就把他的儿子毒死了。他的母亲就从此气死，妻子也吞鸦片自尽了。家财于是荡尽，只得同他的女儿睡在草窝里。但是烟瘾难熬，又想卖他的女儿，因此找了堂子里人来，谈了身价，就要去了。那女儿又苦苦的劝道，"父亲此番将我卖去，以后在没有女儿可卖了。务必将烟瘾戒去才好"。卖女儿的身价用完，只得拉东洋车糊口。一天在马路上，遇见他女儿出局去，正是应他家从前管账的条子的，勿戒就要向他女儿讲话，不料大受干涉，气的无法可奈。加之饥饿难挡，就跑到小北门，向人陈述前非，并劝人万不可进这黑籍。后来就死在那处。你想这不是黑籍中的一个冤魂么。月珊取勿戒，月润取他的父亲，优游取他的母亲，凤文取他的妻子，文连取他的女儿，汉臣取他的儿子，真叫珠帘合璧。至于夏君月珊演讲的妙处，诸君一听便知，无须赘述。

《公园日刊》1920年6月3日又刊登"更俗剧场礼聘南北欢迎文学大家新旧两剧巨子无上青衣欧阳予倩"。欧阳予倩在这个阶段上演了自己最拿手的红楼戏。例如,《宝蟾送酒》(查天影、赵桐珊合演)、《馒头庵》《黛玉葬花》等。有评论说:"欧阳予倩君文学、艺术,名重东南,在通排演各种新剧。备受各界欢迎。前月汉口合记大舞台,敦聘前往演技、名誉之隆。与梅畹华君相颉颃。兹已一月期满,与查君天影、赵君桐珊、苗君胜春联袂归来。第一日(即十七日),演《宝蟾送酒》,第二日演《馒头庵》,第三日演《黛玉葬花》。此三局为欧阳君生平杰作,凤已脍炙人口。今复加以修改,精益求精,背景、衣装更推陈出新,得来曾有。观剧诸君须知梅畹华君能尽剧中之妙,欧阳君于剧界尤有最可宝贵之学理在也。《公园日刊》社送辞有言,梅为名伶,欧乃菩萨。此语诚非虚誉,所惜本剧场座位无多,醉心欧派好剧者,速来预定为幸。"

欧阳予倩在南通"任职"期间,多次带队去外地巡演。分别是:1920年3月回浏阳安葬完祖母返程时,被武汉人士挽留并在汉口合记舞台短暂演出四天后再返通;因前次演出反响良好,1920年4月29日再次赴汉口合记大舞台,5月30日返通;1920年8月21日伶工学社开始暑假,应上海新舞台邀请,前往演出五天;1920年冬更俗剧场观众甚少、剧场歇业,到武汉汉口协和大舞台演戏;1921年6月17日至21日,组织伶工学社学生赴杭州演出;1921年8月11日至17日,应上海新舞台之邀前往演出;1921年8月,赴吴江同里镇演出;1922年9月1日至12月4日,再赴武汉汉口兴记大舞台等。最后一次巡演结束返回南通时,更俗剧场已经被薛秉初订给了一个糟糕的戏班。欧阳予倩要使用更俗剧场排演剧目还需要与此戏班"请示"协商。可以体味到当时欧阳予倩心中

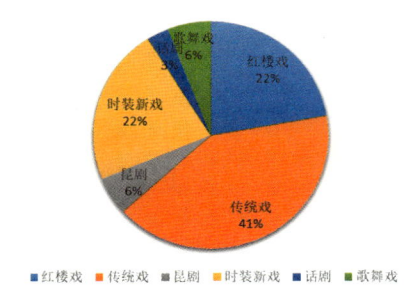

欧阳予倩南通期间剧目演出数据分析饼状图，笔者据《公园日报》所载演出广告统计而来

的愤恨与委屈，"南通是呆不下去了"。

关于"更俗"剧目，由于当时"随编随演，未留稿本"，并且欧阳予倩"对于自己所排的戏，从来没满意过，所以从来没有留稿，戏单也没留一张"，"也有些好的，可是丝毫痕迹没有留存"，剧目资料散佚、缺失，目前统计相当不全。现存四百多张《公园日报》(《公园日刊》)记录着欧阳予倩"任职于"南通期间（1919年10月8日至1920年12月5日），包括在南通西公园戏场、南通更俗剧场、上海新舞台、杭州、汉口合记大舞台、汉口兴记大舞台，创作、排演、制作的剧目有三百多部。

从演出数量来看，传统戏占据多数（41.1%）。红楼戏和时装戏排演数量相当（22.2%），其次为歌舞戏（6%）、昆剧（5.4%）、话剧（3%）。传统京戏中，《贵妃醉酒》《义婢青梅》《长生殿》均演出十次。此外，演出次数较多的还有《人面桃花》（7次）、《宝莲灯》（6次）、《虹霓关》（5次）、《粉妆楼》（5次）、《御碑亭》（4次）、《儿女英雄传》（4次）、《百花献寿》（4次）、《凤求凰》（3次）、《苏三起解》（3次），其余一般只演出了一次。传统戏中，又以满足观众看热闹心理的"全武行"最多。《公园日报》也将"全武行"醒目标注于剧目旁，反映了当时南通观众的欣赏意愿和审美水平在"武行"带来的视觉冲击、热闹的剧情和易于理解的层面。也就不难理解欧阳予倩在上海笑舞台时就编演的带有"感情情绪"和"人情事理"的红楼戏并不能得到广泛接受和认可。就如徐海萍在《从西公园剧场到更俗剧场》一文所说的,"话剧演过一两个月,观众渐感无趣,红楼戏虽有艺术价值,一般观众不易了解,就改演《龙凤环》《双蝴蝶》《霍小玉》《卖花三娘子》等小本戏,并编排了许多聊斋戏,如《晚霞》《青梅》《仇大娘》《胭脂》《嫦娥》等"。

欧阳予倩的几次带队外出巡演也多是重复先前拿手的传统戏和红楼戏。除红楼戏《摔玉请罪》《宝蟾送酒》《黛玉焚稿》《馒头庵》《黛玉葬花》《鸳鸯剪发》《晴雯补裘》《王熙凤泼醋》、歌舞戏《嫦娥下嫁》《天官赐福》《盘丝洞》、时装戏(包括话剧)《一念之差》《换妻缘》《布袋夫妻》《麻衣案》《赤子之心》外,其余一百多部都是传统戏。而这些红楼戏、时装戏依然停留于更俗剧场排演的剧目,并未有新的突破。巡演途经汉口、上海、杭州等地,反映了当时整个中国南方地区旧戏盛行,改革与实践面临巨大挑战。

南通"更俗"最终以剧场更名而非彻底更俗结束命运。1926年11月28日《通通新报》刊登《更俗剧场之新消息——易名南通剧场下月开演》一文,"啬公建业剧场,意在提倡艺术,劝励世俗。并创办伶工学社,冀养成一班高尚伶人,良改脚本,另编劝世戏剧,故名更俗。惟关于修改剧词一层,至今未能完备,可知其事之难。但为剧场营业计,又不宜久行停顿,现已由沪新舞台承租一年,下月即可开演。张公授意,暂更名为南通剧场,俟日后续办伶社另编剧本之初意达到,再行恢复原名。至伶工学社,已于日内解散结束矣"。

更俗剧院，笔者 2020 年 9 月摄于江苏南通

与上海相比，南通算是偏远的小城市。但是实业家张謇以大生纱厂为代表的实业产业，成为推动南通经济社会发展及至文化艺术事业发展的力量。欧阳予倩"到南通的目的，是想借机会养成一班比较有知识的演员，其次想用种种办法，把二黄戏彻底改造一下"，然而由于与出资人张謇理念、立场并不完全一致，加上南通当地观众对于新剧的审美和接纳能力的限制，以及社会环境的掣肘，南通三年并未彻底"更俗"。

未能"更俗"的原因还来自于剧目生产的限制。欧阳予倩倡导的新剧（话剧）演出形态在当时整体戏剧消费环境中占比不高，无法像在上海一样，用红楼戏作为主打替代和支撑。加上后期张謇实业遭受打击，资本迅速缩水，而更俗剧场的票价很低，票房收入不足以维持剧场日常开销。带有公益性质的伶工学社和非盈利性质的更俗剧场失去资金来源不得不停滞。

欧阳予倩于1922年底带着失望的心情离开南通，只得又回上海。在处处制约的社会环境下，欧阳予倩可以在南通三年，本身已是一个奇迹，是了不起的悲壮之举。不可否认，欧阳予倩来南通带有强烈的拓展生存空间的欲望——基于在上海待不下去的事实。从在旧剧戏园子演出开始，他一直尝试变革，而不仅停留于表演本身。在笑舞台创作、演出红楼戏便是此种迹象初现的端倪。他希望从原本的欣赏环境中解脱出来，希望承载中国传统文化的戏剧也能够关注现阶段的社会。

欧阳予倩编写的一系列红楼戏之所以广受好评，很重要的原因是其中反映的下层妇女追求自己人生理想、女性地位，用自己的努力赢得一份尊严的内容，和以往才子佳人、洞房花烛的内容完全不同。这个层面上的进步意义，需要得到肯定和正确认知。

欧阳予倩为开拓空间，冒着风险到南通。客观来说，尽管结局是失败的，但是此种尝试和此番影响在当时具有普遍意义。欧阳予倩去南通和曾在笑舞台同台的汪游优、郑正秋去无锡的行为，都是从上海向周边小城市扩散。可以反映出上海竞争压力更大，产生这种行为也许并非出于多么高尚的原因，但是，欧阳予倩的南通"更俗"带来的正面影响、传播，尤其是给当地人带来了以前舞台上没出现、观众没看过的艺术样态，值得充分肯定。

毕竟，商业剧场的滞后性也不是轻易可以变革的。虽然南通商业的影响力与上海不可同日而语，但欧阳予倩坚持了三年，本身就是一件不容易的事。

欧阳予倩的戏剧人生道路，从此由舞台表演向传统戏曲改革和剧目发展转变。探索的过程伤痕累累。前有只待了几天就回来的湖南文社，后有上海演剧不顺利满怀希望去南通，最后却都铩羽而归。

　　自演戏以来的奔波旅途，满是凝重的回忆，充满坎坷和心酸。欧阳予倩一生在为理想颠沛流离，始终没有放弃，这样的精神和贡献，为今后砥砺出一条条"守正创新"的道路。

　　今天我们一直强调的戏剧的传承性，不能脱离中国演剧市场和戏剧受众面以及社会变革的需求。文化的转变不是一蹴而就的，欣赏的认知不是一下子可以改变的。要扎到观众心里，得到认同，是很难的一件事。五四运动以后从西方输入的新文化对于中国社会底层而言，有多少能被心甘情愿地接受呢？社会形态的巨大分歧，西方的与中国的文化内涵，不能是粗暴的覆盖关系。中国传统文化精髓优秀的一面需要被注目、被发扬。

　　颇有悲壮意味的南通"更俗"，是欧阳予倩从台前到幕后的第一次尝试。

第五章 戏剧与影视两栖

欧阳予倩曾笑称自己唱戏是半路出家，拍电影也是半路出家。

带着失望的心情离开南通回到上海，他开始了一段搭班唱戏编导电影，在戏剧和电影两个领域共栖的时光。

一九二六年春天，欧阳予倩编了第一部电影剧本——《玉洁冰清》，后又编导了《三年以后》《天涯歌女》《新桃花扇》《清明时节》《如此繁华》《木兰从军》《关不住的春光》《野火春风》《恋爱之道》等影片。

欧阳予倩希望戏剧、电影成为教育的工具，但这却是他艺术思想混乱的一个时期。他不断地实践与尝试，在艺术生命的每一个路口留下足迹、继续探寻。

只得再度搭班

欧阳予倩带着失望的心情离通，返回上海，为了谋生，又当起演员。1923年1月受聘亦舞台。但只过了不久，欧阳予倩厌倦此种演戏生活，三个月后辞了亦舞台，每天读书混日，失去收入来源，生活穷困。后来，他又于1924年10月至12月和1925年5月至1926年1月分别在亦舞台、丹桂第一台搭班唱戏。

欧阳予倩20世纪初求学日本，在日本加入春柳社并参与演剧，是学习运用新式布景的开始。更俗剧场建造之前，专门又去一趟日本，访市川左团次、看大阪傀儡戏，学习新式布景。20世纪20年代他在上海新舞台、大舞台、笑舞台当职业演员时，夏月润、夏月珊兄弟也都斥资请日本画家石井柏亭氏来指导布景绘画。新式布景的运用成为旧戏改良的重要部分。

1921年，民众戏剧社在上海成立。民众戏剧社是欧阳予倩（当时还在南通）与沈雁冰、郑振铎、陈大悲、熊佛西等共同发起组织的。民众戏剧社发表了《民众戏剧社简章》和《民众戏剧社宣言》，创立了中国新文学史上第一本专门戏剧杂志——《戏剧》。在这方阵地，中国早期戏剧家发出了一声有力的呐喊，"当看戏是消遣"的时代已经过去，戏剧"是推动社会前进的一个轮子，又是搜寻社会病根的X光镜"。

两年后，1923年6月，欧阳予倩在上海经由汪仲贤（优游）的介绍加入戏剧协社，认识了应云卫等朋友，并担任戏剧协社的剧务顾问。田汉 1921 年从东京回国，在中华书局工作，经梁绍文介绍，结识了欧阳予倩。此时恰洪深从美国回到上海，在笑舞台组织了颇受美国奥尼尔影响，但内容是讽刺中国军阀混乱的《赵阎王》。欧阳予倩观看《赵阎王》时结识从美国留学归来的洪深，并介绍洪深于 1923 年 7 月加入上海戏剧协社。是历史安排的巧合，还是命运的必然，欧阳予倩、田汉、洪深——这三位被夏衍誉为"中国早期话剧奠基人"的戏剧家此时在上海相遇了。

此后，欧阳予倩在杭州第一舞台、南京新新舞台流连了一段时间。欧阳予倩 20 世纪 20 年代提出平民戏问题，就是反对艺术只为贵族服务，希望戏剧艺术走进民间，希望民众可以接纳并吸取戏剧艺术的养分。

1923 年 8 月至 1924 年 10 月，在薛瑶卿的介绍下，欧阳予倩又在上海新舞台演戏，仍以传统京戏、红楼戏为主。《申报》(1923 年 8 月 19 日)有广告："《馒头庵》是欧阳予倩生平最得意的好戏，戏中他扮智能，所有唱工表情的好处且不必说，只提末一场的'空中飞舞'罢，他一个人悬在空中，做出各种起卧不一的姿势，一来一往地飞舞歌唱，兔起鹘落，上下东西，都有丈余的距离。身体一面舞着，嘴里一面还要唱着，不是予倩君平素对于柔术大有研究，哪能做到这种地步？"欧阳予倩的红楼戏，表演优美，一度传为佳话。

此时新舞台还有汪优游演出的《华伦夫人的职业》(萧伯纳著)却遭遇很大失败，但他们敢于演出的勇气以及排演本身的行动值得敬佩。

与前一"职业俳优"阶段不同，欧阳予倩此时开始关注剧本创作。除欧阳予倩戏剧思想的觉知外，还有很重要的原因是欧阳予倩已到中年，身形体态、生理嗓音等不如从前。

1915年1月12日，《申报》刊登灵巢居士的《海上名伶谈（二）》，谈及欧阳予倩，是这样说的："予倩对于戏剧根底甚深，尤以'红楼戏'为最，惟年事渐长，色相日衰。唱工做工均有独到处，非时下一般享名者所能企及。"肯定、赞扬了欧阳予倩的表演。但随着年龄增长，舞台表演所需具备的苛刻条件也使得欧阳予倩在舞台上不再如从前得心应手。

1923年欧阳予倩在戏剧协社时，创作的《泼妇》一剧将矛头指向"一夫多妻制"，抨击了在爱情中戴着虚假面具、口是心非的丈夫陈慎之，褒扬了女主角于素心勇敢离家出走的反抗精神。这出戏的创作背景是五四时期，反映了欧阳予倩内心萌生的新思想。洪深曾将此剧以"男女合演"的方式搬上舞台。

一年后，1924年10月，欧阳予倩又创作了一部独幕剧《回家以后》。这部剧同样带有现实主义意味。剧情为陆治平在留学美国期间隐瞒自己已婚的事实，与洋女子刘玛丽结婚。"回家以后"，自知理亏，又发现原妻吴自芳有洋女子没有的优点，不愿提离婚。《回家以后》抨击了当时留学生中普遍存在的喜新厌旧的恋爱观，提出了如何对待婚姻和爱情的问题，具有一定的现实意义。但作品对吴自芳的"达观"态度作了不适当的歌颂，面对陆治平的背弃前盟和刘玛丽的兴师问罪，吴自芳却表示了惊人的谅解。她把自己当作"局外人"，承认陆治平与刘玛丽是夫妻，并表示"天底下只有失望的人跟乞怜于人的人是最不幸、最可怜的。'我本不求人怜，也就不受人怜'"。这种豁达态度实际上是逆来顺受、随遇而安思想的反映，这一点限制了剧本思想的高度。

对于这部戏的不足，懂得舞台导演之术的洪深曾说："这戏演得轻重稍有不合，就会弄成一个崇扬旧道德、讥骂留归生的浅薄的东西。"

欧阳予倩这个阶段的剧本创作关注现实问题。并且与洪深、田汉等中国早期话剧开拓者时常切磋，这为中国话剧的发展提供了强有力的推动。

1924年3月14日，上海伶界联合会假四马路倚虹楼宴请报界人士。会长夏月润致欢迎辞后，欧阳予倩代表夏月润报告如下——

> 今夕辱承诸君子惠临，鄙会无任荣幸。伶人之于社会，在专制时代，向遭藐视及虐待，伶人因智识与环境上关系，亦只得下气忍受。清季则稍有猛自觉悟者，且于革命元勋之密筹举义、私运军械等，亦间有相助绵薄之力。及共和肇兴，阶级平等，伶人渐自觉悟，知演剧一道，与社会百业相并，而同是国民，尤觉同具完全之人格。上海一隅，自新舞台先在十六铺创办以后，社会上益悟伶业于振兴市面、助宣文化等，均息息相关，对于以前种种之专制压迫，遂逐日消减。随后即有上海伶界联合会之创设，以尊重伶界人格与职业为宗旨，此外亦时以促进学识、服务社会为要图，如冯子和君创办春航义务学校，即其一斑。余如伶人纳月费于会中之踊跃，文行武行之和洽，开会时秩序之肃静，冠履服饰之整洁，无论老幼补课之奋励，会中扶助及抚恤会员之尽心，世风虽日漓，伶人之安分守己、勉事服务社会者，亦不敢谓竟绝无其人也。是以照现势而论，虽仍距伶界应期望之最远大目的尚早，但今日之伶人，似已非昔日之伶人，而社会之视伶界，亦渐迥然与前不同，此岂仅为伶界同人之幸，即于中国艺术

前途亦与有幸焉。此次北京伶人徐碧云案，哄动一时，此种行为，有关风化极大，国家法律所在，徐伶确应处以相当之惩罚，然决不能以其为伶人而轻惩之或重罚之，盖奸骗系罪恶，伶人为职业，二者绝对不能相混，更不能将徐伶个人与伶界全体并为一谈。此次王开疆律师对于徐案，揭出严重取缔伶人议案于律师公会，此实重演专制时代污辱伶界之举动，敝会自当有相当之对付。惟伶人虽较前觉悟，地位期望达于与万民平等，在艺术上前途，尤抱无限希望。所愿各界贤者，教诲不倦，力主正义，尤赖言论界为大护法也。

1924年冬天，位于南市九亩地的新舞台受齐卢战争的影响，剧团亏损无法再运营。欧阳予倩只得在冰冷的黄浦江边暂别母亲和妻子，登上前往大连的轮船。临行这晚，田汉前去送别。两人在泛着星星点点的江水边谈着往事，母亲已年迈，妻子身体也不好，而欧阳予倩只能远去东北搭班演出。面对此情此景，田汉在为《欧阳予倩全集》所作的代序《他为中国戏剧运动奋斗了一生》中说："想到艺人的行路难，我免不了一抹悠凉之感。"

从业以来，欧阳予倩一直反对唱堂会。堂会是有钱的老爷们高兴的时候传伶人到家里演戏的行为。欧阳予倩在《八和剧员总工会与上海伶界联合会》中说："他们承袭了养歌僮的特权，养不起歌僮，或者以为不必养歌僮，便于高兴的时候传班演奏。"伶界夏月珊、夏月润、夏月恒兄弟不演堂会，颇得欧阳予倩的赞赏。

但是，欧阳予倩却在1925年3月6日被迫参加了为张作霖祝寿的堂会，表演了《百花献寿》《卧薪尝胆》等剧目。当日堂会还有梅兰芳、杨小楼等名家，唱了《霸王别姬》《御碑亭》《虹霓关》等剧。

欧阳予倩还通过开演讲、排剧目（《少奶奶的扇子》《回家以后》）等方式与奉天的青年学生展开交流，得到一众青年的支持和响应。

这之后，他经北平返上海，继续搭班第一台。那时是周信芳管理后台，周信芳正在研究将历史戏与当时流行的机关布景结合起来。欧阳予倩仍以演员身份登台，外部环境始终不如意，他逐渐萌生不再登台卖艺的想法。

这年（1925年）春末初夏，欧阳予倩别了奉天寒冷的雪天，南下寻找温暖的记忆。他先到了北平，在看丁香花的路上，有朋友无意中提起了《水浒》以及潘金莲。欧阳予倩萌生编写一部"潘金莲"的戏的想法。后来种种事情耽搁，直到1927年冬天欧阳予倩加入"南国社"后才编成剧本，并组织了演出。

欧阳予倩在舞台上当演员的时候，对于他的演技，《申报》多次不吝溢美之词。"欧阳予倩的艺术，是很有研究的，又具备高尚的道德学问，所以凡他饰大士，真是妙丽庄严，一时无两，加之他那宛转的歌喉，一字一珠，听来好似南海潮音，令人神往。"

电影半路出家

离开第一台以后,1926年1月初,卜万苍介绍欧阳予倩加入新成立的民新影片公司,编写电影剧本、导演摄制电影,开始了持续一年多的电影生涯。欧阳予倩从影时间虽然只有一年多,且"半路出家",但是却承担了电影编剧、导演、演员等多重身份,显示了"全挂子"的通才能力。

欧阳予倩在"民新"创作的第一个剧目是《玉洁冰清》,拍摄时自饰市侩钱维德一角。为了演好这个角色,他多次到银号体验生活,观察、模仿掌柜的行为举止和神态。欧阳予倩在电影中的表演可圈可点。

《玉洁冰清》拍完后,卜万苍、张织云离开了民新影片公司,欧阳予倩被聘为导演。此后欧阳予倩去汉口演戏两个月,并把《玉洁冰清》带去放映,间接学到了一些推销、发行事宜。

1926年8月初欧阳予倩返回上海,执导了《三年以后》《天涯歌女》两部电影。这三部影片都反映了欧阳予倩为底层、为受迫害的小人物发声的意愿。例如《玉洁冰清》一面是渔家女与大学生跨越艰辛终成眷属的清新景象,一面又是高利贷者张牙舞爪让人憎恶的模样,通过这种鲜明的对比,反对唯利是图的市侩群体,体现民主思想。但是,欧阳予倩在《电影半路出家记》中曾对这部作品客观分析道:"故事的安排,在当时社会里是很少可能性的……,只表现着一种小资产阶级的幻想,就显得这个作品软弱无力。"

《三年以后》通过刻画一个封建大家庭的故事，表达对封建制度的不满。由民新影片公司摄制、欧阳予倩导演，于1926年12月8日开映于中央大戏院。欧阳予倩在《导演〈三年以后〉感言》一文中，剖析了自己从影以来的思想变化："我有些倾向于自然主义，尽管我所写的剧本都是有所为而言，但因为只强调如实地描写生活，而没有想到从生活当中提炼出些什么东西来，更没有想到究竟拿什么去教育民人，这就是最大的缺点。"

《天涯歌女》则通过歌女凌霄的悲惨际遇，控诉军阀统治的罪恶。欧阳予倩通过影片为底层小人物发声，"我为什么编《天涯歌女》，也不过想替一些被压迫者说一句公平话罢了"，这些电影在当时的社会取得了一定积极效应。民新影片公司摄制、欧阳予倩导演的《天涯歌女》于1927年4月20日开映于中央大戏院。

1927年春末，拍完《天涯歌女》之后，欧阳予倩离开民新影片公司。迫于生计，1927年5月16日至7月3日，他只得再度搭班大舞台。及至1934年秋，经历了变化很多的七年之后，欧阳予倩又当电影编导，已经是拍声片的年代了。

南京国民剧场

在大舞台，欧阳予倩挂的是头牌，却连一个三路角色都比不上。理想与现实的差距使他认识到："要就戏剧加以改造或从新创作，全靠站在职业剧场以外的专门戏剧家拿牺牲的精神努力贯彻主张；要公家有相当补助来建设小剧场以为模范。"

正在欧阳予倩厌倦了戏园子演戏，充满了无奈和无力感的愁苦之时，田汉来函邀请他去南京参与筹建国民剧场。"国民剧场"的道路是欧阳予倩一直梦寐以求的。

1927年，受陈铭枢先生的邀请，欧阳予倩来到南京国民革命军总司令部政治部戏剧股，开始了国民剧场的尝试。

欧阳予倩的国民剧场意愿可以概括为：艺术家专注艺术，资金借助政府或资本家。即坚持艺术一元主义。

欧阳予倩在政治部的名义是艺术指导员，不过自己规定只做戏剧股的事。第一步就是组织剧场和一个演剧队。欧阳予倩主张"要用艺术来宣传，必先有艺术"。认定艺术不同于革命宣传，而是以暗示、诱导、感化从而深入人心。在《自我演戏以来》，他说，"演剧宣传队的计划，我已经怀了将近十年了。我的意思是要组织一个团体，用相当的时间，授以演剧的技术，于是预备些旅行用具，率领着他们到乡下去演戏，一面表演，一面再随时训练。"

因外部环境动荡，南京国民剧场只在1927年8月17日、18日、19日演出三天。却招齐了一个演剧队，组织了剧场，排演了《革命前进曲》（欧阳予倩、潘伯英合作）、《压迫》（欧阳予倩、丁西林合编）、默剧《降魔舞》（戏剧股长唐槐秋编）、歌剧《荆轲》（欧阳予倩编）、《入伍的兵》（欧阳予倩编）、《革命凯旋曲》（谭抒真新作）等戏。

《荆轲》是欧阳予倩为南京国民剧场突击赶写的，以荆轲刺秦王为天下除暴影射时局。观众席上座率高，极短的时间内在民众之间建立了口碑。这是欧阳予倩与政府合作、开展国民剧场实践的开始。也许是"荆轲刺秦王"的秦王隐射当时北洋军阀，或者指向当时的暴君统治，南京国民剧场只演出三天就挨了炸弹，被迫解散。欧阳予倩将这一短暂但特别的经历写成《国民剧场的经过》，于1927年10月10日刊登在《新闻报》，后收入《自我演戏以来》的附录。

返回上海后，欧阳予倩在舞台游移了一段时间，受制于台前幕后各种不得已，欧阳予倩从此以后不愿再搭班演戏。

《潘金莲》

1927年冬，欧阳予倩参加了田汉组织的南国社，与徐悲鸿、徐志摩、周信芳等人共同展开了一场包含戏剧、电影、美术、戏曲等多个领域的"南国艺术运动"。12月17日，田汉、欧阳予倩等人在上海艺术大学举行了"艺术鱼龙会"。这里的"鱼"是指学生，"龙"就是老师和艺术家、有名的角儿；"鱼龙会"，就是以平等而无拘束的研讨会、座谈会和沙龙形式，让"鱼"和"龙"混在一起，由"龙"和"鱼"教学相长，帮助"鱼"跃过龙门，成为未来的艺术大家。

"鱼龙会"是田汉等为办艺术大学所需经济支持、扩大社会影响，而在学校大厅搭起舞台，开展的持续一个星期的话剧和戏曲演出活动。为了支持这次活动，欧阳予倩与周信芳、高百岁、唐槐秋、唐叔明等人合演的《潘金莲》在"鱼龙会"上亮相。

《潘金莲》为欧阳予倩创作的新歌剧，且他自述是自编自演的最后一个戏，也是和周信芳、高百岁同台合演的最后一个戏。欧阳予倩饰演潘金莲，周信芳饰演武松。"潘金莲"跪在"武松"面前，面对眼前的杀身之祸，拉开衣襟露出胸膛说："二郎，这雪白的胸膛里有一颗赤热的心，这颗心已经给你多时了。你不要我，只好暂时藏在这里。可怜我等你多时了，你要割去吗，请你慢慢地割罢，让我多多地亲近你！"

"为潘金莲翻案"的主题，以及将潘金莲作为黑暗势力下的被牺牲者予以同情的剧情带有特别意味。

《潘金莲》取得了广泛的影响。但田汉认为，潘金莲与恶霸西门庆勾搭、毒死武大郎不应当被同情和赞美。这是欧阳予倩所说的他和陆镜若在日本春柳时期都沾染过日本流行的唯美主义思想的一种体现，正如《潘金莲》的唱词中无原则的崇拜力与美的词句，正如潘金莲宁愿死在自己心爱的人的刀下所体现出来的受虐倾向。

欧阳予倩本人只觉得编这出戏是偶然，在《潘金莲》（自序）中他说："既不是有什么主义，也不是存心替潘金莲翻案。……潘金莲被张大户强迫收房，她立意不从；张大户恼羞成怒，故意拿她嫁给丑陋不堪没有出息的武大。她起先还是勉强忍耐，后来见着武松一表人才，她那希望的火燃烧起来，无论如何不能扑灭。倘若她能改嫁武松，或者是能够像现时这样自由离婚，便决没有以后的犯罪。偏偏武松是个旧伦理观念极深的人，所以她私通西门庆已经是一种变态的行为……平心而论，我们对她干的犯罪，应加惋惜，而她最后的被杀，更是当然的收场。"

这部剧的人物关系我们都已经非常熟悉。而欧阳予倩则更愿意大家留意世道人心维持风化而不需过于在意一个女子——潘金莲。"我编这出戏，不过拿她犯罪的由来分析一下，意思浅显极了，真算不了什么艺术，并且丝毫用不着奇怪。男人家每每一步一步逼着女子犯罪，或者是逼着女子堕落，……还有许多男子唯恐女子不堕落，唯恐女子不无耻，不然哪里显得男子的庄严？"

即便如此，《潘金莲》这部戏演员本身精美的唱作还是获得了广泛的影响。田汉说这是"新国剧运动的第一声"。徐悲鸿认为此剧"翻数百年之陈案，揭美人之隐衷；入情入理，壮快淋漓，不愧杰作"。

欧阳予倩在《潘金莲》（自序）中打趣道："田汉先生说，我这本戏是四十以后的佳作，又说我好比姜一样，越老越辣；其实我今年才满三十九岁，还自以为是当年的青年。至于这篇戏，是三十六岁起草，三十八岁才得机会表演得，似乎不好算四十以后的佳作，田先生真是我的忘年之友！况且这篇戏，也称不得佳作，但是我必定在明年编篇把较为可看的戏，来应田先生的预言才好。"

《潘金莲》还于1928年1月7日，在天蟾舞台公演（日戏）。欧阳予倩、麒麟童、高百岁分别饰演潘金莲、武松、西门庆。

此外，"鱼龙会"在上海还演出了田汉创作的《画家与其妹妹》《苏州夜话》《名优之死》等剧。在欧阳予倩、田汉、周信芳等戏剧工作者的努力下，"鱼龙会"为观众奉献了品质上乘的

《潘金莲》《名优之死》宣传页

演出。

《潘金莲》《名优之死》至今活跃在大小剧场，成为戏剧演出的热门选择。田汉创作《名优之死》一剧的动机也颇值得一录。据1927年12月18日《申报》所载《上海鱼龙会消息》一文："前月以文艺上的使命赴东京作小勾留的欧阳予倩，在日本大受艺苑诸大家所欢待，因田汉、唐槐秋催请，于昨晚急邃归国参加鱼龙会。欧阳予倩在东京时曾致信田汉，谓抵东京后尚未遇到一桩有兴味之事，惟名伶中村雀右卫门忽于台上作罗小宝之倒，颇生感喟。田汉得信思及当年刘鸿声之死，重有所感，因写《名优之死》一剧。"

"南国社"

1927年底，欧阳予倩被推选为戏剧协社主席。12月25日，戏剧协社召开全体大会，讨论明年春季的表演事宜，推定欧阳予倩、洪深担纲剧本。洪深在会上提议建立完善职员系统，由此，戏剧协社经过投票选定了以下职位和人选——理事：欧阳予倩、应云卫、陈宪谟、钱剑秋、沈诰；事务：陈笃；后台：孟君谋；会计：赵秉章；排演：洪深；布景：高文彬；道具：葛志良。形成了一个包括剧本创作、导演等前台事项与会计、道具等后台管理的相对完善的架构。洪深、欧阳予倩成为戏剧协社实际领导者。

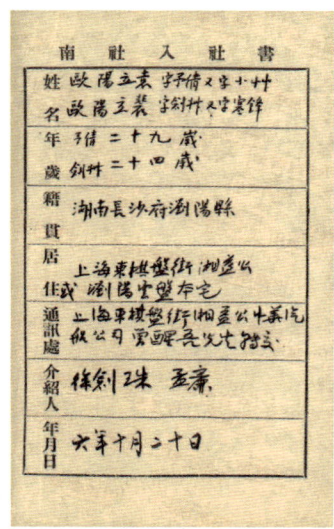

欧阳予倩入南社书

此外，尤值一提的是，欧阳予倩夫人刘韵秋在这一阶段时常陪伴欧阳予倩出现在各种活动中。伉俪情深自不用说，刘韵秋对欧阳予倩戏剧事业的支持以及刘韵秋本人的综合素质和能力亦可见一斑。

1928年1月18日《申报》发布上海星光影片股份有限公司成立的通告，并预告了即日开机的《同心劫》。而此剧编剧正是欧阳予倩（卜万苍担任导演）。紧接着1928年1月底，田汉与徐悲鸿组织南国

南国艺术学院旧址，笔者 2020 年 9 月摄于上海

艺术学院，欧阳予倩被聘为南国艺术学院戏剧系主任。

《申报》刊登了南国艺术学院发布的招生广告："本学院之创立，在与混乱时期的文学、美术青年以紧切必要的指导，因以从事艺术之革命运动。今特招新生及插班生，文学、戏剧、绘画每科各二十人。署招生委员文科田汉、画科徐悲鸿、剧科欧阳予倩。"

南国艺术学院总的招生原则是"不问学历，但取天才"。加上包容平等的氛围、进步的艺术追求，吸引了许多优秀人才的加入。在南国艺术学院，欧阳予倩亲自授课，将自己所学所感毫无保留传授给学生，每讲到古典剧目，"总是做着细腻的动作"。

为了培养艺术人才，欧阳予倩鞠躬尽瘁，认真负责，展现出极为专业的精神。更难能可贵的是，欧阳予倩不计报酬，非但不收分文工资，连车马费都自己掏。这所全凭硬干苦干精神办起来的"私学"，在支撑了半年之后，因财、力两疲而于夏天宣告结束。

徐志摩在原载于《上海画报》第492期的《南国的精神 西风残照中的雁阵——徐志摩谈文学创作》（1929年7月30日）一文曾诗意地赞颂南国社："南国是国内当代唯一有生命的一种运动，我们要祝颂它。它的产生，它的活动，它的光影，都是不期然的，正如天外的群星，春野的花是不期然的。生命，无穷尽的生命，在时代的黑暗中迸裂，迸裂成火，迸裂生花，但大家只见那霎那的闪耀，依然陨灭于无际的时空。南国至少是一个有力的彗星，初起时它只是有无间的一点星芒；但它的光是继续生长，继续明亮，继续盛开，在短时期里它的扫荡的威棱已然是时空的一个异象。南国的浪漫精神的表现——人的创作冲动为本体，争自由的奋发，青年的精灵在时代的衰朽中求解放的征象。从苦闷见欢畅，从琐碎见一致，从穷困见精神。南国，健全的、一群面目黧黑衣着不整的朋友；一方仅容转侧的舞台，三五个叱咤立办的独幕剧——南国的独一性是不可错误的；天边的雁叫，海波平处的霓霞，幽谷里一泓清浅的灵泉，一个流浪人思慕的歌吟；他手指下震颤着弦索，仙人掌上愕然擎出的奇葩——南国的情调是诗的情调，南国的音容是诗的音容。"

这个阶段，欧阳予倩在电影、戏剧两个领域游走，在有限的时间里摸索中国现代艺术的发展道路。1928年2月27日，欧阳予倩与洪深等人参加戏剧协社会议，商讨下一步的演剧。7月17日，欧阳予倩编剧并导演的影片《三年以后》由上海明新影片公司第三次出品，在大世界露天影戏场开映。这是一出讽刺社会的名剧。8月30日，上海民新影片公司出品，欧阳予倩编剧并导演，李旦旦、高百岁、陈嘉祥、葛次红、周五宝主演的《天涯歌女》在露天影戏场开映。不久9月5日，欧阳予倩与周信芳、夏月润等人共同倡议创办的上海伶界联合会机关报《梨园公报》创刊。

1928年4月,洪深导演《少奶奶的扇子》一剧,上海有了男女合演的话剧。1928年10月21日,南国剧社、戏剧协社、辛酉剧社的主要成员在三马路大西洋菜馆聚会。这是一次欢送欧阳予倩去广东戏剧研究所的聚会,也是研讨戏剧实践与发展的聚会。欧阳予倩在会上发言:"此次之会,予极赞同。至赴粤之行,实以予年来从事剧艺运动,只求能达予之目的,任何地点均可。愚意不论予在广东、汉口,但其进步与目的,必与诸君相同。目待数年后,吾辈必更有一番新创作也。至三社联合,予以为既可划除门户之见,又可增加进行之力量云云。"

在这次会议上,欧阳予倩、田汉、洪深共同确定了"话剧"的定名。

关于话剧的定名,欧阳予倩在1959年应苏联科学院艺术史艺术理论研究所之约撰写的专稿《话剧、新歌剧与中国戏剧艺术传统》中提到,1907年6月有一班在日本的中国留学生,采取欧洲话剧形式,来反映当时高涨的民族自强思想。第一个戏演的是根据斯托夫人(H.E.B.Stowe)的小说《汤姆叔叔的小屋》(Uncle Tom's Cabin)改编的《黑奴吁天录》。这部戏于1907年秋天在上海演出。这以后,从上海开始,中国国内产生了许多话剧团体,话剧开始在各地流行。但当时并不叫"话剧",而叫"新剧",也称"文明新戏"。"话剧这个名称是1927年由田汉同志建议才改用的。"

今天的我们根据有限的史料也许很难讲清"话剧"这个名字究竟由谁在哪一时刻提出,但有一点可以肯定,"话剧"的定名及发展与欧阳予倩、田汉、洪深三位巨匠都有密切的关系。

《再说旧戏的改革》

欧阳予倩写的《再说旧戏的改革》一文于1937年在《申报周刊》连载,从演出法、表演术、乐曲等方面阐释旧戏改革的思路。欧阳予倩认为,与其他艺术形式相比,戏剧的优势和特殊性在于综合性,需要文学、表演、音乐、舞台装置各个部分组成。正是由于戏剧是综合艺术,"一种是各艺术部门的综合,一种是各种上演方式和表演方式的综合",舞台表演面临的首要问题便是如何综合,如何共同传达美的具体化情绪。

欧阳予倩认为,"综合艺术第一个组织者就是剧本作家。其次,导演是实际的组织者",并且"表现新的剧本必须有新的导演,有新的导演,才能运用新的演出法"。

学者陈建军在论著《欧阳予倩与中国现代戏剧》中也说,"欧阳予倩对导演的强调,意味着要在舞台上打破旧的规则创造新的舞台语言"。

欧阳予倩与梅兰芳

欧阳予倩的艺术风格以及对导演的态度和方法被后学总结为"磨光派"。他主张艺术需要精心构思,精雕细琢,创作出更有力量的艺术作品。与"磨光"相对的是以田汉为代表的"突击"。在跌宕起伏的历史环境中,欧阳予倩和田汉的戏剧艺术道路殊途同归,共同为戏剧运动的发展提供了沉稳而厚重的基石。

"欧洲的戏剧,当写实主义盛行的时候,演出法便深为人所注意。所谓打破第四堵墙,就是代表写实主义演出的舞台装置。到了新浪漫派时期,可以说由剧作者万能一变而为导演万能。于是种种演出法产生出来。"在《再说旧戏的改革》第二篇"演出法的研究"中,欧阳予倩论述在有了"新"剧本之后,要有与新剧本相适应的"演出法",将戏的思想传达给观众。此种"演出法"即导演对演出组织的意义,"有新的导演,才能运用新的演出法"。

梅兰芳的《黛玉葬花》剧装

欧阳予倩的《黛玉葬花》剧装

此种演出法的基点仍然是戏剧是综合艺术这一基本原则,并且"演出法"就是解决戏剧如何做好综合艺术的问题。这里的综合,欧阳予倩认为包括"各艺术部门的综合"和"各种形式的综合"两个重要方面。

欧阳予倩认为,二黄戏要成为健全的综合艺术,要从认清二黄戏的性质开始,运用适当的剧本、最有效的导演方法、适当的舞台布景,增加表演的力量,"使之通过舞台技术传达于观众"。这个过程中需要注意要使"许多部门在有一定目的、一定计划的演出方法，整个地统一起来"。欧阳予倩认为，戏剧要发挥好效果，需要舞台建筑、布景、光线、机关装置、服装与化妆、音乐等诸多方面实现演出法的整体统一。

欧阳予倩还对"建设新歌剧"提出了"歌词必须打破二二三与三三四的束缚，而用长短句；每一首歌都要求其与整个戏的情调相调和，造成全戏的空气，决不以支离破碎片段的美丽为满足，也不以花腔取媚；敲击乐器用以帮助动作，打法要变换过；管弦不妨加入西洋乐器，但是有计划地、不违反艺术原则的"等几点意见。

欧阳予倩"自我演戏以来"的人生就写到了这里，前半生以演员为主，后来影剧两栖，既是编剧，也是导演。在中国早期话剧发展的历史画卷上，始终可以看到欧阳予倩忙碌奔波的身影，同时伴随着诸多酸楚无奈。但是，他没有放弃和停下探索的脚步。

"打不倒的欧阳予倩"即将开始下一站新的征程。

第六章 在广东戏剧研究所"创造适时代为民众的新剧"

二十世纪二十年代末，欧阳予倩主持成立的广东戏剧研究所是他实践国民剧场道路的延伸。他始终认为"借助政府的力量，效果或者会快些"。在这里，欧阳予倩完成了台前到幕后的转型，成为一位戏剧运动的改革者和管理者。

从台前到幕后

欧阳予倩在《电影半路出家记》中说,"1929年到广州办广东戏剧研究所,从此便脱离了京戏演员的生活"。

1929年2月16日,广东戏剧研究所宣告成立。广东戏剧研究所是经广东省政府1928年12月召开的第四届委员会第117次会议正式批准,由政府出资、划地,在回龙桥土地裁判所旧址上,经过两个多月前期调研、筹划而建立起来的。欧阳予倩受广东省政府主席李济深和第十一军军长陈铭枢将军的共同邀请前往组织筹建并担任所长。欧阳予倩当时觉得不了解广东戏剧发展的具体情况,起初接到邀请时并没有马上答应。但因信任陈铭枢的人品和追求,欧阳予倩决定先到广州考察一番。

与田汉一直相信并推崇的"在野"立场不同,欧阳予倩希望借"官办"力量继续开展国民戏剧实践。广东戏剧研究所就是这一理念的实际行动。欧阳予倩在《粤游琐记》写到的理由是,当时的戏剧工作者"差不多个个都是穷光蛋,卖文不足以维持生活,当当又没有东西。每逢公演,总是一块两块的去凑,凑不齐便延期。服装和布景都没有。如果有政府帮忙多少总会好些"。

尽管欧阳予倩与田汉在"官

欧阳予倩与田汉

办"与"在野"存有不同主张，但两人最终的目标始终是一致的，那就是为了中国戏剧更好的发展。两人有争得面红耳赤的时候，也有心心相印的默契。

欧阳予倩的广州考察得以成行，也是在他与南国社等新剧团体相对融洽，上海新剧事业发展较为顺利的前提下，才有心南下。另一方面，欧阳予倩考虑即便"到了广州，还可以与南国社等团体相互声援，否则还是要回南国社的；如果能在广州落下脚，肯定还是要邀请田汉他们到广州去。……到广州是为了开展戏剧运动。只要能达到这个目的，什么地方都可以。不论我在汉口还是广东，在追求进步戏剧这一点上与大家是相通的，几年之后，一定会有一番新天地"。

1929年1月下旬，欧阳予倩致信田汉，希望田汉来广州打开场锣鼓。3月，田汉率领南国社同仁从上海赴广州，打出了广东戏剧研究所开办的第一声炮响。欧阳予倩当时演出了京剧《人面桃花》、昆剧《贞娥刺虎》、话剧《车夫之家》和《空与色》（日本剧作家谷崎润一郎著）。相互支持、并肩鼓励，这是田、欧阳二人友情的见证，也是中国戏剧发展道路上的佳话。

"创造适时代为民众的新剧"是欧阳予倩主持的广东戏剧研究所的宗旨。"适时代""为民众"是欧阳予倩心目中戏剧运动的关键词。欧阳予倩"粤剧改革"的标准是"内容以民众为标准，形式一切以世界戏剧共通的趋势为标准"。他希望戏剧不是贵族阶级特有的玩物，而应是服务于民众，以民众为后盾。"尤其戏剧家的对象是民众。"广东作为革命的策源地，又有李济深和陈铭枢两位懂得艺术重要性、希望推进改良粤剧的政府领导者，成为开拓新剧发展的重要助推力。

广东戏剧研究所

欧阳予倩统领广东戏剧研究所组织架构分为三股：总务、剧务、编纂，分别由周于清、唐槐秋、胡春冰担任主任，三股统属于所长欧阳予倩指挥。总务负责办理所属一切事务；剧务办理关于戏剧上之设计及表演诸事；编纂办理关于戏剧文学及出版诸事。还附设戏剧学校、大剧场、小剧场、管弦乐队。这是一个集教学、科研、演出、出版发行于一体的综合性的戏剧教育、研究和传播平台，是欧阳予倩整体戏剧观的具体实践。

戏剧学校1929年4月1日正式开学，成立伊始由洪深担任校长一职，负责戏剧学校的招生和教学，后洪深回上海，欧阳予倩代为管理。戏剧学校的招生广告于1929年2月27日起，在《广州国民日报》上刊登："本所奉省政府指令，附设演剧学校，以养成学艺兼优、努力服务社会教育之演员，建设适合时代为民众之戏剧为宗旨，暂定学额五十名，十名专习演剧，十名专习音乐，特别班学额五十名均系男女兼收。兹定于二月二十日起开始报名，校章函所即寄。此启 广东戏剧研究所所长欧阳予倩 附设演剧学校校长洪深。"

1930年4月，广东戏剧研究所附设演剧学校特别班招生广告见于《申报》。"宗旨以养成学艺兼优、努力服务社会之演员，建设适时代为民众之戏剧"，署名"校长欧阳予倩"。

戏剧学校分演剧系和戏剧文学系，演剧系下设话剧班和歌剧

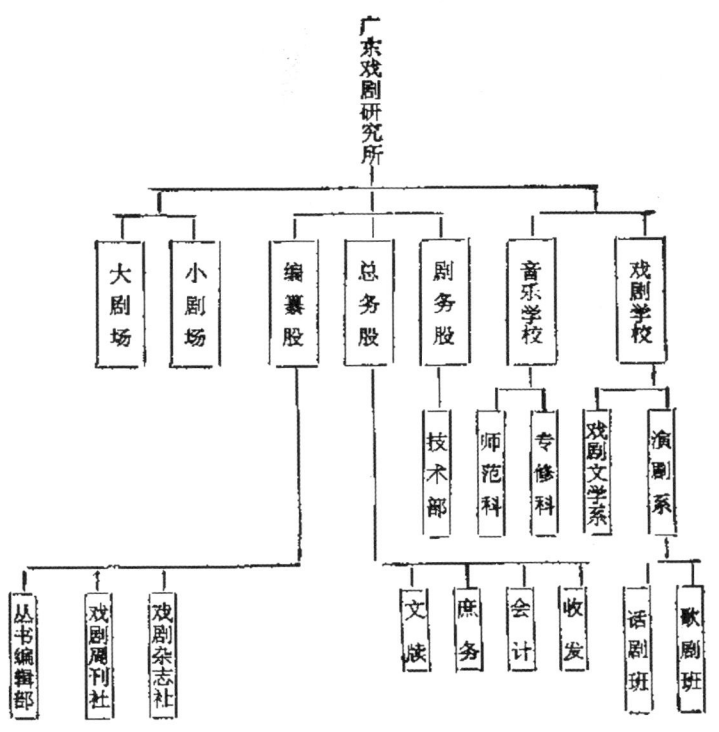

广东戏剧研究所组织结构图

班。1930年秋,附设音乐学校成立。音乐学校下设师范科、专修科和技术部。还有用于研究和练习用的小剧场和对外公演的大剧场。如此建制,从根本上突破了"私家歌僮养习所"和"科班"的旧框架,推动了广东地区戏剧教育现代化进程。

演剧系的课程包括国文、外国语等基础课;戏剧理论、戏剧艺术史等理论课;表演术、化妆术、武术、跳舞、音乐、小曲、粤剧、皮黄、舞台装置等专业课。戏剧文学系则安排了戏剧概论、文学概论、艺术概论、现代思潮、当代文艺、名句研究、编剧术、音乐理论、戏剧史、导演术、话剧实习、外国语等课程。"戏剧文学专业培养的是能够普及戏剧教育，促成戏剧运动的戏剧文艺专门人才，强调了除专业素质外，还要具备对戏剧运动的组织管理能力。"

对于"戏剧运动的组织管理能力"的认识和提出，是欧阳予倩一贯的综合戏剧观念的体现。音乐学校除了读谱、乐理、和声学、艺术论等音乐理论外，也包括声乐、钢琴、小提琴、中提琴、大提琴、横笛、大喇叭、小喇叭、大号、小号、竖琴、高音箫等专业课，还包括英文、法文、体育等课程。从南通伶工学社开始，欧阳予倩在戏剧教育的课程方面都安排了丰富的文学素养基础课。在此基础上，演剧系注重表演，戏剧文学系注重创作，音乐学校注重新歌剧的建设。

广东戏剧研究所附设学校课程表

《戏剧》系列杂志是欧阳予倩领导广东戏剧研究所开辟的理论阵地，原创剧本、译本、戏剧理论、国内外艺术动态、演出评论等信息在此交流。稿件来源主要是欧阳予倩、胡春冰、赵如琳等研究所工作人员。他们除了每周完成 24 课时以上的授课，还要挤时间撰写理论文章或者翻译。

戏剧理论探讨

欧阳予倩在广东戏剧研究所主持工作期间，写了大量戏剧理论文章。主要有：《听观众的话》（广州《民国日报》副刊《戏剧研究》第40期）、《怎样完成我们的戏剧运动》（1929年4月8日广州《民国日报》副刊《戏剧研究》第8期）、《戏剧改革之理论与实际》（1929年4月15日、21日、28日连载于广州《民国日报》副刊《戏剧研究》，又载于《戏剧》1929年5月25日第1卷第1期）、《粤游琐记》（1929年5月1日《南国月刊》第1卷第1期）、《粤剧北剧化的研究》（1929年5月25日《戏剧》）、《戏剧与宣传》（1929年7月25日《戏剧》第1卷第2期）、《民众剧的研究》（1929年9月5日《戏剧》第1卷第3期）、《戏剧运动之今后》（1929年11月15日《戏剧》第1卷第4期）、《陕西易俗社之今昔》（1930年3月3日《戏剧》（周刊）第30期）、《怎样完成戏剧运动》（1930年6月2日广州《民国日报》副刊《戏剧研究》第43期）、《民众艺术的演剧》（1931年1月连载于《梨园公报》等。

翻译的理论文章及剧本有：《日本戏剧运动的经过》（日本小山内薰著，1929年9月5日《戏剧》第1卷第3期）、《现代法国剧坛之趋势》（包括《今日之写实主义》《德国与法国之国立剧场》《法国的民众剧运动》《欧洲之国际戏剧运动》四个部分，1929年7月25日）、《包多丽许研究》（日本岸田国士作，先后载于广州《民国日报》副刊《戏剧研究》和1930年10月《戏剧》第2卷第2期)、《玩具骚动》(苏联巴尔道夫斯基作,1931年《戏剧》第2卷第3、4期合刊)。

创作的剧本有：两场笑剧《白姑娘》、独幕剧《屏风后》、歌剧《杨贵妃》、独幕剧《车夫之家》、独幕剧《小英姑娘》、五幕歌剧《荆轲》、五幕歌剧《刘三妹》、独幕剧《买卖》、独幕剧《再见》等。

《屏风后》《小英姑娘》《车夫之家》仍旧延续欧阳予倩的现实主义创作风格。通过刻画社会生活中小人物的生活状态和命运，以精巧的构思和细腻的情感，勾勒了一幅幅现实主义图景，直面人的本质，颇具讽刺意味。屏风前是道貌岸然、维持风化的"道德维持会"，屏风后却是玩弄女性的卑鄙伪君子，通过一扇屏风，揭穿了一个人的两副面孔；又有看到许多阔人盖洋楼、逼着穷人搬家，崇洋媚外结果造成自己家破人亡的车夫一家；还有以个人力量对抗帝国封建主义的底层小人物"小英姑娘"；以及那些向外国人买军火、扣佣金、做尽丑事的所谓"要人们"。还有1932年陈济棠当上广东省主席，与汪精卫一同号召"反蒋抗日"，却让警察开枪屠杀检查日货的群众，又同奸商勾结，巧立"中央纸""原新""拣新"等名目，贬低并剥削薪水阶层，民众难以生存的"同住的三家人"。每个性格鲜明的人物背后都是血淋淋的教训。

欧阳予倩没有用政治说教和宣传标语，而是以"润物细无声"的笔触深入社会腠理，以现实主义创作态度发挥戏剧的社会功用。

此外，欧阳予倩还将剧目演出后的反思写成文章。例如，《在中国演〈茶花女〉的过去与现在》《到底谁养活谁？——两个小角色的对话》《〈潘金莲〉说明书》《〈怒吼吧中国〉上演记》《演

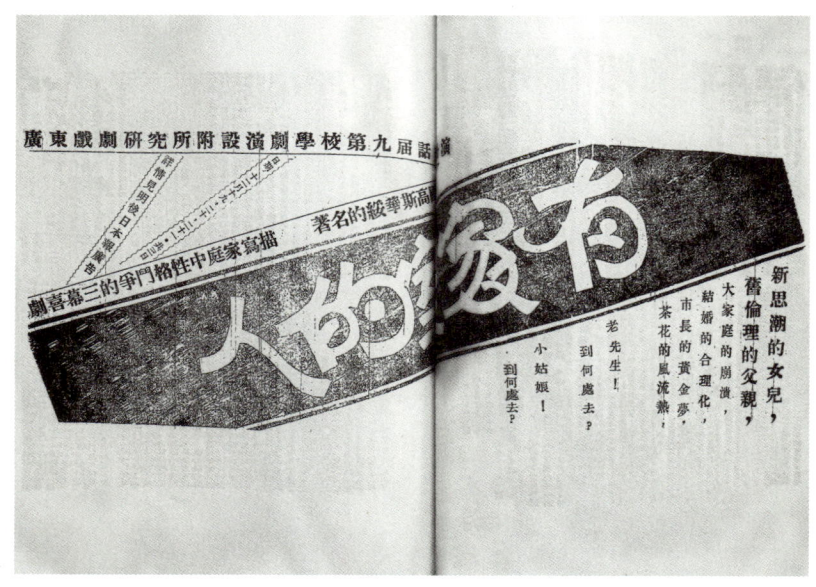

广东戏剧研究所附设演剧学校演出《有家室的人》

〈怒吼吧中国〉谈到民众剧》《〈有家室的人〉上演琐记》《中国艺术剧团二次公演的四个戏：〈得意忘形〉〈中国男儿〉〈钦差大臣〉〈黑暗势力〉》等文章。

欧阳予倩在广东戏剧研究所《戏剧》杂志第八期（1929年）发表《民众剧的研究》一文，讲到起源于"酒神祭祀"的希腊戏剧、中国的二黄戏、日本的歌舞伎本来都是平民的，后来为贵族所独占，指出"本来戏剧都是起于平民之间，渐渐的为特殊阶级所利用所收买，便一步一步和平民相远。……现在的平民剧运动，就是要使戏剧从特殊阶级手里解放出来，回复到平民中去"。平民剧并不是降低艺术价值去迎合民众，"也不是采用迎合的手段榨取金钱，而是从关心民众的生活出发，认识到人类永远无穷的爱是不分阶层的"。

欧阳予倩一到广州就计划建造一个小剧场。其目的很明确,是为研究。同时,为民众建一个大剧场,这个大剧场的目的是为着观看、欣赏演出。这是欧阳予倩"民享"和"民有"思想的具体实践。一方面用民众的平常生活为素材编写剧目,一方面使得民众看后自我了解,促使他们生活向上,认识自我、尊重自己。因此,"平民剧第一是要情节单纯而有趣味,要使观众在不知不觉之中,受很深的暗示"。

在《戏剧改革之理论于实际》一文中,欧阳予倩说:"剧本是以文学为根据的,……戏剧既是群众面前的艺术,剧本当然要能在群众面前表演。所以戏剧文学应当绝对是戏剧的。"在这个基础上,才能建立演员的表演、音乐、布景、舞台装置等。戏剧是综合艺术,这一点自1918年《予之戏剧改良观》起欧阳予倩就一直强调,但这里的综合"不是生吞活剥随便拼演,是在各种创作之统一与调和,取各种艺术精华完全戏剧化而统属之于一点。分开看好像各归个,合起来看就是一个完整的个体",并且综合的基础是对剧本的重视。

欧阳予倩对戏剧理论的发展与建设进行了深入浅出的剖析,描绘了我们所追求的戏剧,是"有丰富而坚固的内容,在舞台上得到充分而适切的表现。这种戏剧才能用以宣扬文化"。

欧阳予倩认定戏剧是艺术,"艺术的要素,不在知识,而在情绪。艺术是拿感情情绪对感情情绪的东西"。戏剧艺术应该把握住人类的基本情绪,因此,具有普遍性。欧阳予倩进一步论述,"戏剧的内容是由美的情绪化的思想组织成的"。

情绪与观众、思想与观众、观众与戏剧之间存有交织关系,不可割裂开来。"总之戏剧家应当站在时代思想的前面,要苦心孤诣的斟酌，要认定戏剧的真义，要培养自己的情绪，要锻炼自己的思想要与社会民众以极深的同情。聪明的志士们，既然谈到戏剧，也要以真艺术为标准，要和艺术家一样的放远了眼光，切莫图快一时之意，切莫拿粗糙不完的作品敷衍了事。"这些理论认识以及文字书写正是他领导广东戏剧研究所、开展旧戏改革的过程中从实践中总结而来的。

对于戏剧改革，欧阳予倩给出了"打破因袭的观念"和"扩充研究的范围"两条解决办法，认为要认定戏剧是艺术，不是教育宣传的工具，戏剧艺术的发展需要理论的支撑，世界各处的戏剧理论都应得到我们足够的正视，要"拿戏剧的尺，把中国的戏剧重新量一量、估一估价"。这里的"尺"，就是戏剧的理论。这也是《戏剧改革之理论于实际》这篇理论文章着重强调的。

对于话剧的发展，欧阳予倩表示"我们所希望完成的话剧，绝对不是文明新戏"。他在《戏剧改革之理论与实际》一文中概括了话剧与文明戏之别："文明戏没有剧本，话剧是有完全剧本；文明戏即令有剧本也是照旧戏或传奇的方法来组织，专以敷衍情节为主，话剧是根据戏剧的原则，用分析的技巧，表现具体的情绪，进展整个的行为；文明戏虽然有许多不近人情的地方，亦能描写现实，但是文明戏的写实，不过是真菜真荷兰水上台，真烧纸锭哭亲夫之类，话剧的写实是用敏锐的观察，整齐的排列，精当的对话，显出作者的中心思想，描写的是社会某种生活人物的某种性格，时代的某种精神；文明戏多以低等滑稽，迎合低级社会之心理，话剧是拿严格的批评态度，站在社会前面，代表民众的呼声；文明戏以浅薄的教训将就观客，话剧是以艺术的精神领导观众。"

这些理论文章、翻译、剧本创作大都登载在广东戏剧研究所主办的《戏剧》系列期刊杂志上，讨论了戏剧与生活、戏剧与时代、戏剧与民众、戏剧的社会功能以及用什么创作方法进行戏剧创作等问题。先前还是演员的欧阳予倩，如今以戏剧运动的组织者和理论家的面貌活跃在戏剧运动的实验田。

欧阳予倩在广东戏剧研究所时期创办的系列刊物，之前一直散佚各处。上海戏剧学院李歆老师有心收集编纂，

卷首语

时代在我们前面了！离我们很远了！快快的追上去！律个暗面会甚么？因袭的力量是不是足以降服我们？过就若我们是否背降服，不过要降服就乾乾净净的降服；不降服就应该照着理想的前走。如今已经不是虚与委蛇的时候了！打起时代先驱的旗帜，面低头於因袭之下是何等的耻辱！努力的光明，是成功之母。氣餒是鈍力之母！

艺术家除了苦一身贫给社会，没有别的。艺术家章艺术来安慰民众，时代的悲哀应當诉说出来。莫爲個人享樂忘了自己的责任，莫爲表白自己白骨气力！民衆等你替他们说話啊！

中國的戲劇墮落到了甚麽地步？只要看时代离我们有多远就知道了。落伍者最後的呻吟，臨終的叮嚀。我们是世界的人，立住自己的脚跟，看明世界的趋势，尊重时代的使命，信仰人生之将来，我們要有新的創造，這就是完成我們的創造的徑路！莫爲塲的阻隔失了勇氣，莫爲使宜的成功壞了志節！

同志們起來罷！

1929年广东戏剧研究所《戏剧》杂志创刊卷首语

并于2019年欧阳予倩诞辰130周年之际，由北京朝华出版社出版，以飨今日读者，并且成为研究者的宝贵资料。

欧阳予倩前半生的自传《自我演戏以来》也写于广东戏剧研究所时期，最先是在《戏剧》杂志上连载，后1933年2月由上海神州国光社集结成册出版，1959年5月中国戏剧出版社又出版了作者加注的版本，1990年收入《欧阳予倩全集》。细细看来，会发现每一版的内容尤其是注释都不尽相同。在不同时期，面对总体艰难困苦、并不明朗的政治背景所带来的不同认知，或是不得已的客观因素下，欧阳予倩也在不断调整自己这部前半生的总结，

使其更为"妥善"。

广东戏剧研究所完成了一个教学周期,培养了一批知识面宽广又"术有专攻"的学生。欧阳予倩还将戏剧演出带进广州的高中、大学,为粤剧的改良和发展提供机会。

1931年7月,广东戏剧研究所因为政府人事变动、资金来源遇阻,加上动荡的内战以及政府其他势力的刁难,被迫裁撤停办。10月,欧阳予倩只好离开广州,回到上海。后与应云卫、唐槐秋等人组织"现代剧团"。在困难的条件下,广东戏剧研究所能够坚持三年,已颇具史诗般的意义。

第七章 再出发

烽火战乱,内忧外患。在抗日救亡的道路上,欧阳予倩在戏剧和电影两个领域,与众多同仁一道,以《梁红玉》《桃花扇》《渔夫恨》等剧目,以篇篇理论文章,发出戏剧工作者呼吁民族独立的最强音。

游历西方,孜孜探寻。他践行旧戏改革的目标是使戏剧适应时代需要,适应当下抗日救国的需要。踏在中国戏剧艺术改革与发展道路上的步步脚印,是欧阳予倩人生价值最好的见证。

离粤返沪　游历西方

1931年,"九一八"事变爆发。整个中国社会面临内忧外患的困境。欧阳予倩离粤返沪正是战乱时期,亲身经历着祖国土地被侵略、同胞被残害,他以饱满情绪和鲜明立场,继续开展戏剧创作和实践,呼吁民族自立自强、反抗压迫。

"现代剧团"是欧阳予倩在战乱烽火中回到上海后,与应云卫、唐槐秋等组织的以振兴上海话剧为目的的团体。这个时候,外有日本侵华,内有"一·二八"事变。现代剧团也未能维持许久,即告解散。

社会风云无常,战火肆虐,欧阳予倩义愤填膺,书写了活报剧《不要忘了》,对于英法日预谋瓜分中国的行径予以谴责。这部剧也赞扬了广大民众奋起抗日的爱国情怀。民众的勇敢反抗与当局的拒不作为形成鲜明反差。

1932年冬,欧阳予倩去了法国。1933年2月25日,欧阳予倩在巴黎与陈铭枢、程砚秋等人讨论戏曲问题。1933年春天,他在英国、德国参观摄影场,与艺术界人士交流,学习西方拍摄手法。1934年,因蒋介石攻陷福州,革命失败,欧阳予倩到日本东京避难,又在东京游览许多摄影场,当时欧阳予倩颇想尝试拍有声影片。

1934年秋天,欧阳予倩回国,在上海加入新华影业公司。《新桃花扇》是他此时创作的电影剧本,由新华影业公司制片、欧阳予倩导演,于1935年拍成电影。七年前他在"民新",时隔七年后,欧阳予倩重回影坛，进了"新华"，编导了他艺术生涯中第一部有声影片。

《新桃花扇》的演员阵容集结了当时影视圈有"电影皇帝"之称的金焰以及十分具有号召力的"头等明星"胡萍。但剧情并不是大家熟知的孔尚任版本的《桃花扇》，而是以一对进步的青年男女与军阀买办的斗争为情节线，较为流于表面地宣泄了创作者的气愤情绪。欧阳予倩在《电影半路出家记》中作了反思："……用意是很浅显的。可是当时为着想步步引人入胜，有意把情节弄得比较曲折。现在回想起来，多少有些不够自然的地方，这是一个缺点。"

对于戏剧与影视两个领域的不同，欧阳予倩说："声片是技术性很高的艺术，不经过勤修苦练、精通各项工作，很难拍出好片子。从导演的角度看，电影和话剧是完全不同的两种艺术。在导演电影的时候，构思和设计要把平日搞话剧的一套完全抛开，要完全依照

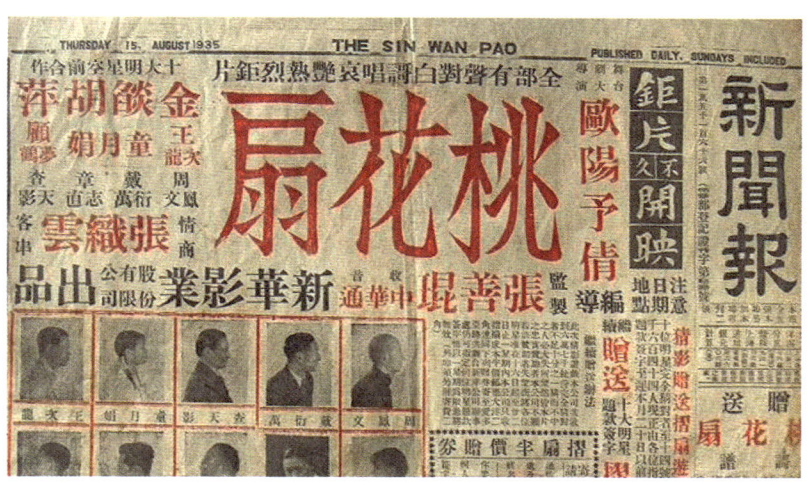

1935年8月15日，《新闻报》登载欧阳予倩编导的《桃花扇》广告

电影的规律。一个话剧导演往往会在导演电影的时候，想起舞台，而不能专注于银幕上的形象；或者是电影导演在导演话剧时，也往往会感觉舞台拘束着他，施展不开。这样，就很可能或多或少影响艺术创作。我自问对舞台有相当程度的熟悉，对声片只能算大半个外行。"

1934年，欧阳予倩依然笔耕不辍，在各类期刊上都有他的随笔文章。例如，《第一次公演以后》（载于福建《人民日报》第46号，1934年1月7日）、《答无聊先生的〈看航空捐后〉》（载于福建《人民日报》第49号，1934年1月10日）、《日本最近的宣传戏》（载于《戏》周刊第2期，1934年8月26日）、《细流》（游欧散记）（连载于《社会日报》，1934年9月）、《巴黎剧场》（载于《东方杂志》第31卷第20，1934年10月16日）、《创作翻译剧及改译剧》（载于《香港工商日报》，1934年10月27日）、《高尔基与莫斯科艺术剧院》（日本野崎韶夫作、欧阳予倩译，载于《文艺月刊》第6卷第5、6期合刊，1934年11月1日）、《如何组织新剧剧团》（《戏》周刊第14期，1934年11月18日）。

1935年1月27日，戏剧协社在大西洋西菜社召开了社员大会，欢迎欧阳予倩从西方国家考察归国，欧阳予倩在会上被推选为戏剧协社监察委员。

欧阳予倩翻译的剧本《油漆未干》（法国伏墅洼原著）在《文艺月刊》（1935年2月1日、3月1日、4月1日，第7卷第2、3、4期）连载。此剧后由欧阳予倩改编兼导演，排练两个多月，精益求精，1935年3月1日登上上海暨大剧社暨大礼堂的舞台，应云卫任舞台监督。3月15日，暨大剧社又将此剧搬上金城大戏院的舞台。

1936年6月，欧阳予倩到苏联参加了"苏联第一届戏剧节"。

他是当时中国戏剧工作者中唯一一位以个人资格参加的。欧阳予倩先在列宁格勒看了《夏伯阳》《睡美人》(舞剧)、《丹麦王子哈姆雷特》。欧阳予倩盛赞俄国的舞剧(Ballet)是世界闻名的,在《苏联第一届的戏剧节》一文中记道:"柴可夫斯基的名曲,音乐、舞蹈、舞台面,以及布景、服装、灯光之美令人醉倒。"

此外,他还看了莫斯科艺术剧院的《装甲列车》《死魂灵》《樱桃园》《粮食》《恐怖》以及排演中的《费加罗的婚礼》和《伪君子》。这些剧目中,"只有《樱桃园》还保留着莫斯科艺术剧院写实主义原来的面目"。

莫斯科艺术剧院在丹钦科和斯坦尼斯拉夫斯基的运营下,是坚持写实主义风格的。欧阳予倩说:"斯坦尼斯拉夫斯基的主张是要把所有假面戏剧完全从舞台上赶出去,他要演员充分感受剧中人的性格和心理,'下意识地'表达出来。"因此,为了配合此种演出风格,斯坦尼斯拉夫斯基拥有一套完整的训练体系以达到训练演员的目的,并且每一部戏的排练都精心打磨,需要较长的时间。尽管存有不同的声音与方法,斯坦尼斯拉夫斯基的训练方法还是成为当时苏联政府主办的戏剧学校的主流教学方法。

欧阳予倩在苏联看了儿童剧。苏联儿童剧场设有运动场、画室、黏土工厂、音乐厅兼舞蹈场、玩具室,儿童根据兴趣各自选择。苏联儿童剧的演员由成人扮演,而观众是儿童。"儿童剧场有直属的剧团,演员都相当好,他们为着教育儿童而演戏。有专为儿童创作的作家、导演、舞台设计者。还有研究教授法、儿童心理的专家。他们在戏剧进行中与演完以后对观剧的儿童作种种测验,供剧团参考,以便随时对写作和演出加以改进。还有专家,研究傀儡戏和默剧(Pantomime),这些都是很好的教育工具。"《苏联第一届的戏剧节》记载了欧阳予倩已经关注苏联的儿童戏剧教育，并且认同以戏剧教化儿童这种教育方式。

　　欧阳予倩此行还参观了莫斯科艺术剧院的剧场、舞台和资料室等。

再度从影

1936年1月27日，在全国抗日救亡意识高涨的背景下，欧阳予倩等人发起上海电影界救国会。2月2日，电影界救国会在四马路大西洋西菜社召开成立大会。会议由欧阳予倩主持。

欧阳予倩提出电影救国会创立宗旨在于争取国家与民族的自由、争取电影创作的自由，强调电影救国会"救国"的唯一目标，并希望获得新闻界以及社会各界同仁的不吝赐教和支持。并于2月12日向报界发表声明，对前一日国民党中央宣传部发表的《告国人书》认为共产党利用文化团体和知识分子在"救国"口号掩护下卷土重来的不实之词予以辩正。这是中国历史上又一段特殊的时期，国共两党进入白热化阶段。

1935年下半年，欧阳予倩又在影视行业里驻足。这一年7月，他进入明星影片公司，拍摄了《桃花扇》。新华影业出品、欧阳予倩任编剧兼导演的这部《桃花扇》于同年9月12日，在新光大戏院公映。

7月13日的《申报》连续刊登两篇有关欧阳予倩拍摄《桃花扇》的报道，分别是《欧阳予倩负责导演〈桃花扇〉》和《欧阳予倩对某报记者谈话》。前者记述了欧阳予倩关于导演地位的观点："论到影剧之创造者，自然都说是导演，但决不是导演个人的事。从写剧本的看起来，原作者才算是创造；可是电影不是读的，电影剧本不能当文学来发表，若不经过导演及摄影的翻译，不能成为艺术品。如此看来，导演不过处于再现者之列，和编剧摄影的地位一样。不然，导演在影戏的创造上握中枢的大权。他虽不是创造者，各方面的创造力，完全由他而集中。他一面尊重原作者的意见，一面要斟酌怎么样才能使其到银幕上有效果，在运用的便利上，不能没有一种剪裁整理的手段。至于对布景摄影种种，他可以直接支配演员，是更不用说了。所以一个影片的好坏，导演负着绝大的责任，万不容丝毫推委。"

后者说道，"欧阳予倩自导演《桃花扇》，天天到斜土路新华摄影场，工作异常认真，前几天关于《桃花扇》发表一段宏论，报纸登载，没有人不钦佩他。昨天某报记者去讯问他，和他谈话，他又发表下列的一段宏论：'戏剧和电影虽共通相似之点甚多，都是绝对相异的艺术，各有各的技巧，各有各的体验与专长。戏剧的导演，未必能导演电影；电影的导演，也未必能导演戏剧。'又云：'无论是戏剧是电影，总要注重全篇的统一与调和，所以节奏与顿挫最要紧。大凡作品，全篇气脉不顺畅，一定是组织不完全，便万万不能统一，既不统一，万不能调和；反过来说，不调和便万不能统一。'并且'导演看过了剧本，就应当判断，以自己的力量，能使它在银幕上得到怎样的效果，同时分幕是否妥当，分镜头前后有无矛盾，一一仔细检查，拿敏锐的眼光、老练的手腕，去加以订正，然后拿极公正的心，对于演员加以明敏的选择。'"

此后，欧阳予倩又写了《摄制〈桃花扇〉琐记》《〈桃花扇〉编后记》等文章。

1936年7月，欧阳予倩加入明星影片股份有限公司。明星影片股份有限公司正值革新与改组，恢复了编剧委员会，欧阳予倩任编剧委员会主任。欧阳予倩仍以编剧、导演双重身份，以极高的效率和饱满的热情在几个月时间内编导了《清明时节》《小玲子》《海棠红》三部影片。影片题材触及了社会黑暗面，发出唤醒民众，要他们团结起来的声音。

《清明时节》（明星影片公司摄制、欧阳予倩导演）于当年年底在上海金城大戏院公映，由黎明晖和赵丹担任主演。对于这部影片，欧阳予倩在《电影半路出家记》中认为："一部片子的好坏，首先要看剧本，剧本能起决定作用。其次，就是导演的处理。表演和镜头的安排当然很重要，可是如果编剧和导演搞得不好，便好比树干不强，也就开不出很好的花朵。当时我对一个剧本如何突出主题思想，如何加强行为贯穿线，没有足够的理解，同时对人物性格的分析不够细致，也不够深刻。这也就影响了形象的塑造。《清明时节》这部片子就不免有这样的缺点。"

《清明时节》拍完以后，欧阳予倩又编写了剧本《小玲子》。因为欧阳予倩想多在编剧方面下功夫，此剧便由程步高担任导演。这部电影以上海为背景，揭露上海阔人们的腐朽生活以及惯用的欺骗人的伎俩。欧阳予倩在戏里暗示了"企图说明对他们不能有任何幻想。玲子从城市回到乡下和阿毛结了婚，并不能说她就有了圆满的归宿，因为还没有找到出路"这一点，但是由于环境不允许以及创作者自身思想的局限性，因此无法指明奋斗的目标。《小玲子》之后，明星公司又拍了《海棠红》。《海棠红》在剧本只有故事和大致分幕的时候就已经开拍了。欧阳予倩是不主张此种做法的。

欧阳予倩开拓视野的努力，更体现在1937年春编导的讽刺喜剧《如此繁华》中。这年，他从"明星"转入联华影业公司，拍摄了此片。欧阳予倩揭开了笼罩在上层人物身上的纱幕，露出了他们的丑恶本相。他在《电影半路出家记》中说："我讽刺的对象是当时上海有些所谓有面子的人。这些人醉生梦死，荒淫无耻，在社会上却是最体面的人。《如此繁华》就揭了他们的底。"

　　国家民族存亡的关头，欧阳予倩以极强的信念感和责任感，在戏剧和影视两个艺术领域践行变革。这一阶段，欧阳予倩不仅编剧、导演电影，也在旧戏改革领域走出坚实的步伐。欧阳予倩的旧戏改革既有理论的支撑，也有具体的实践，在剧本创作、剧本改编、表演法、音乐、舞蹈等方面提出了自己的见解。

抗日救亡与旧戏改革

1936年9月，欧阳予倩发表了《二黄戏改革的可能性》一文。1936年底，欧阳予倩又提到："中国戏剧，滥觞于汉角抵，盛行于元，昆曲继之，至清乾隆间遂有二簧剧，为最通俗之戏剧。奈传至近今，牛鬼蛇神，绝类杂耍，实已至没落时期。须知戏剧含极重要之社会性，影响社会，关系非浅，非起而改革不可。"这篇生动入理的文字原是在上海戈登路国华中学大礼堂的演讲词，欧阳予倩演说时，"杂以诙谐语调，掌声有如雷电"，后集结成《中国戏剧的现阶段》一文，载于《新闻报》1936年12月4日、5日、6日。

1937年《申报周刊》第七、八、十二、十六期分别登载了欧阳予倩《再说旧戏的改革》系列文章。欧阳予倩认为，改革旧戏首先应从剧本的改编与创作入手。"改编并不是拿旧时固有的剧本随编把词句改得通顺一点就算完事，是要根据新定的原则，用新的形式，根本加以改造。改编也等于创作。"而这里的原则，就是"我们对戏剧运动一贯的原则，就是我们要适应现代的需要，建设现代的戏剧"。

欧阳予倩旧戏改革的目标是使戏剧适应时代需要，适应当下抗日救国的需要。在这个指导思想下，带有鲜明时代主题的剧目《渔夫恨》《梁红玉》《桃花扇》成为具体实践。

《渔夫恨》由传统戏《打渔杀家》改编而来，通过萧恩起义失败后隐姓埋名以打渔为生，看到渔霸勾结官府作恶多端、欺凌渔民，忍无可忍最终反抗，为民除害。剧作歌颂了底层弱势群体维持正义的行为，演绎了一场"官逼民反，民不得不反"的故事。

《梁红玉》则突出塑造了巾帼英雄梁红玉这一女性角色。金兵入侵的危难时刻，梁红玉率领女兵辅佐韩世忠，既有智慧的分析，识破内奸与金兵谈和的阴谋，又有奋勇杀敌的勇气，最终取得抗金胜利。女性风采得到诠释。一介女流冲锋陷阵，在当时具有极强的现实意义。

《桃花扇》是欧阳予倩"依照孔尚任原作的故事轮廓，采用了其中的主要情节，只借以发抒感慨，并没有、也不可能忠实于原著的一个古典剧作的翻版"。

1937年上海沦陷。欧阳予倩怀有满腔忧愤的情感，仅用一个月时间就完成此剧的改编。欧阳予倩在剧中塑造了一位虽是秦淮歌妓出身却满怀爱国情感的女性形象——李香君。

年轻貌美的香君与侯朝宗相恋，本以为两人志趣相投。侯朝宗外出"消失"的时日，香君坚守信念、充满期待，等待她的侯公子归来。但没想到的是，贪生怕死、贪享荣华的侯朝宗背信弃义，竟留起辫子、考取了功名。当梳着长辫子的侯朝宗再度出现在香君面前，意图带她去过"好日子"时，香君才认清他的真实面目："你以前对我说过什么话？你曾经拿什么鼓励过你的朋友、你的学生，你还鼓励过我！你不是说，性命可以不要，仁义、道德、气节是永远要保住的吗？你为什么不跟着史可法阁部一同守城？回家去你至少可以隐姓埋名，你为什么不？为什么要在许多人起兵勤王的时候，去考取这么一个不值钱的副榜？"声声质问，满是无奈和悲愤。香君一气身亡。

欧阳予倩以剧作警示世人，鞭挞社会上两面三刀卖国求荣的背叛者。田汉在《谈欧阳予倩同志的话剧创作》曾有评论："予倩的《桃花扇》，却是在日本帝国主义入侵中国，江南沦陷中写的，他与刻画香君的忠贞纯洁相对照，严肃深刻地写侯方域的妥协投降，暴露了知识分子在严重的民族危机中的动摇软弱，确有极大的教育意义！"

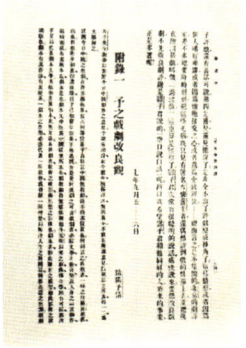

欧阳予倩创作的《桃花扇》，摄于中国现代文学馆

《桃花扇》里李香君与侯朝宗的相遇是非常不容易的。李香君的歌女身份，使得她很难有选择丈夫的自由。面对自己倾慕的侯朝宗，香君是动了真情、真爱，决心与他共生死。因此，侯朝宗只要有一点困难，她就拼尽全力帮助，甚至以死相争；同样，当涉世不深、心性脆弱的侯朝宗上了阮大铖的当考取功名以后，让香君十分失望，便只有死。这就不难理解戏的结尾香君气绝身亡的一幕。但还有更深的一层，侯朝宗作为久负才名的饱学青年，内心怀有成就一番事业的决心，可是主考官只给了一个副榜，这种落差难免带来失望之情。香君责备侯朝宗，也正是因为"爱之深，责之切"。

正可谓：一部桃花扇，横跨三百年。人面桃花去，扇底鸳鸯冤。爱国拳拳意，锄奸欣欣然。小小弱女子，香魂上九天。

这部戏又于1939年改编成桂戏，又在1947年春的上海和1957年的北京加以修改完善。

1937年2月至4月，欧阳予倩《再说旧戏的改革》见报。从剧本的改编与创作、演出法的研究、表演术的研究、乐曲的研究四个方面，阐释了剧本的创意与策划、剧目的排演、演员的表演三个戏剧关键要素，由表及里地提出了自己的见解。之后，欧阳予倩从明星公司转入联华影业公司，并编导了揭露旧上海"上层人物"丑态的喜剧片《如此繁华》。

时间到了1937年7月7日，一个令每个中国人心中一惊的日子——日寇入侵卢沟桥，抗日战争全面爆发。在民族存亡危急时刻，欧阳予倩仍旧努力以戏剧为武器，先后加入上海文化界救亡协会、中国电影界救亡协会、上海话剧界救亡协会、上海戏剧界救亡协会，组织救亡演剧队，进行抗战宣传。

1937年7月28日，欧阳予倩在上海文化界救亡协会成立大会上当选为理事。这次文化界五百余人参加的大会包含了当时活跃在上海文化领域的骨干力量，包括舒新城、周剑云、傅东华、姚苏凤、萨空了、应云卫、唐槐秋、郑振铎、茅盾、钱俊瑞、宋之的、许幸之、洪深、赵朴初、樊仲云、巴金、黎烈文、简又文、曾虚白等人。两天后，电影界工作人协会成立。欧阳予倩当选为常务委员。参与者还有蔡楚生、沈西苓、许幸之、司徒慧敏、应云卫、金山、程步高等近四十人。这次会议上还成立了中国电影界救亡协会（后改名为中国电影界救亡委员会），呼吁电影界同仁以实际行动服务于抗日战争的需要。

1937年8月17日，上海话剧界救亡协会成立。欧阳予倩和洪深任副主席，马彦祥任秘书长（马彦祥离沪后于伶接任）。1937年10月7日，欧阳予倩、田汉、郭沫若、阳翰笙、夏衍、周信芳等数百人参加的上海戏剧界救亡协会在上海卡尔登戏院召开成立大会。上海戏剧界救亡协会分京剧和话剧两部分。接着欧阳予倩、

抗战爆发后，夏衍参与组织上海文化界救亡协会，并任《救亡日报》总编辑，之后辗转广州、桂林、香港等地从事救亡工作。这是他1941年奉命赴香港创办《华商报》期间与友人的合影。左起：陈歌辛、瞿白音、夏衍、丁聪、何香凝、洪遒、廖梦醒、欧阳予倩。

上海文化界救亡协会，摄于中国现代文学馆

田汉等人又组织了十几个上海戏剧界救亡宣传队，分头出发各地，进行抗战宣传。欧阳予倩和周信芳此时还组织剧团在"孤岛"坚持救亡活动。

除上海文化界救亡协会、中国电影界救亡协会、上海话剧界救亡协会、上海戏剧界救亡协会等抗战组织外，1937年10月23日，上海文艺界救亡协会宣布成立。在一次座谈会上，国民党无故夺取会场，强行发布文艺界救亡协会组织大纲及成立宣言。对此荒唐举动，欧阳予倩等人在11月3日《申报》上发布《郭沫若、田汉等为文艺界救亡协会启事》一文，明确道："我们对于本月三日在新雅成立之文艺界救亡协会并未预闻，特此声明。郭沫若、傅东华、巴金、田汉、王统照、陈望道、郑振铎、汪馥泉、谢六逸、戴平万、欧阳予倩　同启。"

抗日战争爆发以后，欧阳予倩接连写了《日本民众应有的觉悟》《光荣呢，还是耻辱？》《怎样组织民众》《戏剧在抗战中》《山歌》《关于战时戏剧》《起来，旧剧界的同志们》《关于旧戏的改革》等文章，以民众、戏剧、抗争、保卫为关键词，呼吁同胞团结力量，讨论戏剧（包括传统戏、话剧、戏曲等）如何适应抗战形势。此时欧阳予倩与田汉、郭沫若、周信芳、于伶、高百岁、金素琴等合作多年的老战友共同奔走在抗敌宣传的前线。

"八一三"以前，唐槐秋领导的中国旅行剧团演出取得成功之后，上海的业余剧团相继职业化，并活跃在卡尔登戏院，上海的话剧公演面貌兴盛。欧阳予倩在《后台人语》里记载："话剧的观众日有增加，证明当时话剧已经获得相当的社会基础。"

在租界当局，电影和戏剧的上演已经到了需要教育局和租界工部局两重检查，审查故事、审查剧本预演等多次手续，才能上演的境况。到"七七事变"爆发，情形更加紧张。但是，《保卫芦沟桥》竟也在如此烽火连天中在上海城内上演了。战乱时候的演出是非常不易的。

欧阳予倩在《后台人语》（之二）中又回忆道："《保卫芦沟桥》上演的那一天，战争已迫在眉睫。已经有些胆小的不敢到城里去；城里的居民呈不安之象，有的人忙着搬家，也有人躲在家里不敢出门；马路上的人都好像惴惴然有戒心；既怕敌人的便衣队乘机捣乱，又怕城里和租界间交通断绝。《保卫芦沟桥》顺利演出，我所见的联合公演，可以说这一次最为整齐。"

欧阳予倩在这个时期认识了金素琴。金素琴认同欧阳予倩组织剧团、改革旧戏的提议，在没有原始资本的困难情况和枪弹随时落下的紧张情势下，他们以热情战胜眼前的难处，一帮热心的青年演员无条件参加，剧团成功建立，这就是"中华戏团"。欧阳予倩七天之内赶写了《梁红玉》，"排了五次，花了不过四五百块钱，就匆匆忙忙把这个戏在卡尔登上演了"。

《后台人语》一文说："《梁红玉》的演出，可算是我改革旧戏的方案确定后第一次的实地试验。这一次的试验虽还不能十分满意，却也有相当的收获：一、证明了我的方案绝对可行；二、旧戏界的朋友颇以为是一种新的刺激，有追效之意；三、坚定了我自己的信念，使我考虑到进一步的问题。"

欧阳予倩的旧戏改革理念，不是单纯把原有旧戏填上新词的"旧格子填新字的旧戏"，也不是用旧戏的形式表演时事的"文明戏化的旧戏"，以及旧瓶装新酒的古装时事戏，"改革旧戏，不仅是内容，形式也不宜墨守旧章。内容既然革新，形式也要跟着转变"。并且"旧戏本来有一定的演法，从来也无所谓导演，因为用不着导演。自从四方的舞台变成镜框式，照明用电灯，过场用幕，背景用画片之后，编剧的形式就变了。如果用新的方法编剧，自然就会要求新的演出法。……歌舞、动作、道白、表情以及布景、服装、灯光和演员的排列（舞台面），都不必拘泥于旧的格式，而应有新的布置或创造"。

有评论认为："我们不要轻视《梁红玉》和《渔夫恨》的演出，它们替中国戏剧史写出了新鲜的一页。我们尤其不要忘记这一页写成的时、地，是在中华民国二十六年的十月的上海。"《梁红玉》和《渔夫恨》两部剧上演于战火纷飞的年代，"《梁红玉》上演那一天，正是租界附近炮火最密的时候；《渔夫恨》上演，便是抢米风潮发生的那一晚"。

《申报》1937年11月13日报道了前日在上海卡尔登戏院公

演欧阳予倩排演的《梁红玉》的情况："该剧采取宋朝梁红玉本事，描写金人抵长江北岸，宋守将韩世忠奋勇抵抗，终于击败金兵的情形，意义深长，剧情紧张，剧中穿插和对话，十分得体，时博观众之掌声。旧剧新编，宣传已久，《梁红玉》一剧，虽采用新剧舞台设备，但做工纯取旧剧之长处，旧剧新编，居然获此成绩，殊属不易。"

欧阳予倩排演、金素琴主演的《渔夫恨》《人面桃花》《梁红玉》于11月在卡尔登戏院公演。金素琴的演技得到郭沫若即席赋诗赞扬："昔有梁红玉，今看金素琴。千秋同敌忾，一样感人心。"

通过一场场演出，欧阳予倩团结戏剧界的爱国之士，组成"中华剧团"。此后又在新光戏院等地演剧。12月，欧阳予倩、于伶、阿英等团结留守上海的电影戏剧界人士，成立了青鸟剧社。

欧阳予倩还编写了三幕剧《青纱帐里》，改编了《欲魔力》（托尔斯泰原著），与马彦祥合作创办大型刊物《戏剧时代》。通过这些努力，沦陷区的上海人民备受鼓舞。无论环境如何困苦，欧阳予倩始终努力、愉快地前进着。

在租界，他与周信芳等人组织了"中华京剧团"，以饱满的政治热情编排剧目，借历史故事宣传抗日，坚持在"孤岛"开展抗日救亡活动。"孤岛"是指20世纪30年代，英法帝国主义所占租界的四周围，都为日寇所控制，因此就把那一部分地区称为"孤岛"。从中国军队撤出上海，到1941年太平洋战争爆发、日军进入上海租界区域，这四年时间的上海被称为"孤岛"时期。

"八一三"以后，上海电影界陷入纷乱崩溃的状态。1937年11月，中国军队撤出上海，原本在上海活动的电影工作者不得不散入武汉、四川、香港等地。

"孤岛"时期，租界当局为避免与日方发生纠纷，严禁进行抗日宣传。当时许多摄制公司便摄制一些麻醉性的神怪影片，迎合低级趣味。当时文艺界许多进步人士认识到电影可以起到的抗战宣传作用，认为在文盲众多的中国，文字的宣传效力变得极为有限，而动态画面却因着自身优越的传达条件，可以发生最迅速和最普遍的抗战宣传作用。

"孤岛"虽"孤"，但上海电影的归处，应当是摄制鼓励民众积极向上、坚守社会底线的自由影片。而鬼怪胡闹片是不应再被上海的电影公司拍摄和宣传的。在此种社会舆论下，1939年2月，卜万苍导演了欧阳予倩编剧的《木兰从军》，由上海新华影业公司完成拍摄、华城电影公司出品。《木兰从军》的剧本是欧阳予倩1938年底在香港为"中艺"排戏时，为了解决生活问题，在排练之余写成的一部爱国主义影片。

《木兰从军》讲的是北朝时期，边关告急，朝廷招兵，木兰代父从军，期间与刘元度志趣相合，成为莫逆之交。后番主准备暗袭边关，木兰临危受命，接任元帅，带领众将士大战番军。木兰返乡后恢复女装，与刘元度结为夫妻。

这部影片承载着创作者的现实情感，表达"外患"下民族精神与气节。剧中多重隐喻的运用，曲折地影射了当下生活中意识形态话语和普通

舞台上的戏剧家们，笔者摄于中国现代文学馆

市民的心态，作为宣传媒介，成为时人抗日意识表达的重要载体。

《木兰从军》紧接着于2月16日在上海沪光大剧院上映。连映两个月间，场场爆满，引起电影界的广泛关注和民众的喜爱。这部戏在沪光大戏院的放映合同到期后，转场至新光大戏院放映，又放映了85天，接着转映于卡尔登大戏院，仍作首轮放映。在近半年的放映时间里，《木兰从军》创造了空前的电影票房记录。上映时，十四位影评人署名的《推荐〈木兰从军〉》说："上海电影界只有循着这条路，才能保证斗争的胜利，确立最坚固的基础。"

中国军队撤出上海后，上海沦为日占区。抗日宣传受到压制，但租界又给抗日活动保留了最后一块土壤。这种特殊的政治背景，使得"孤岛"时期的上海电影独具特色。为迎合群众抗日情绪的宣泄，电影的编导和制作开始从中国历史人物中寻求灵感，通过隐喻等手段合理表达抗日情绪。

欧阳予倩在租界积极开展抗日救亡活动，他编导的《梁红玉》《渔夫恨》《桃花扇》，场场直刺敌人心脏，招来敌寇的仇恨与汉奸的迫害。在险恶的社会环境中，欧阳予倩要想不中圈套、明哲保身，只得离开上海。

欧阳予倩又一次踏上避难的征途。

第八章 黑暗与光明并存的桂林

欧阳予倩在广西政府的邀请下两度入桂,主持桂剧改革工作,前后长达八年时间。正是抗日战争的八年,在祖国大后方边陲,在当时的文化名城,欧阳予倩与田汉、夏衍、焦菊隐、郭沫若、熊佛西等戏剧工作者一同坚守戏剧阵地,在险恶环境和艰苦条件中,组织了新中国历史上第一次文化盛会——西南剧展。

桂剧改革在政府支持下开展,总体拥有较为可期的前景。但在过程中,不断遭到破坏势力的干预。桂剧剧目《梁红玉》《桃花扇》《忠王李秀成》,探讨桂剧改革的理论文章《后台人语》《改革桂剧的步骤》《论桂剧——关于旧剧改革》等,都是八年之中,以光明的目标和希望对抗黑暗的成果。

桂剧改革

欧阳予倩从上海"逃难"来了香港。但他只在香港短暂停留约一周,就踏上了前往桂林的道路。早先欧阳予倩在上海组织抗日救亡活动时,曾收到留日同学、广西大学校长兼广西戏剧改进会会长马君武邀他去桂林开展桂剧改革的信。

1938年5月初,欧阳予倩经梧州、南宁、贵县,到达桂林。他的到来受到桂林进步人士的欢迎,但也遭到不怀好意的人的暗中记恨。此前欧阳予倩在香港虽然只待了几天,却也与蔡楚生、司徒慧敏、苏怡等沪港影剧界人士召开多次座谈会,讨论成立戏剧电影研究社以及合作纲领的事宜。

欧阳予倩初到桂林后,广西省政府在乐群社设欢迎宴。之后,欧阳予倩在乐群社做了题为"桂剧改良问题"的演讲。桂剧改革由此拉开序幕。

在欧阳予倩看来,桂剧的特点首先是素朴。桂戏的音乐也因场面先生的固步自封而无法表现出音乐的力量。桂戏的唱工每段很长,但欧阳予倩以为:"桂戏虽然腔少一点,但是较为接近语言,只要把快慢轻重、抑扬顿挫特别注重一下,每一个戏,每一段,都根据剧种情绪个别把唱工好好地组织一下,那就腔少点也不为病。"欧阳予倩根据过往经验,加上自己的认识,对于桂剧改革提出了思路,写成《后台人语》等文章,并以具体剧目为着力点,实地开展桂剧改革的活动。

欧阳予倩在桂林开展桂剧改革的第一步是将京剧剧目《梁红玉》改编成桂剧，并指导"广西戏剧改进会"的桂剧团排练。在《后台人语》中，他说："桂戏有纯粹的舞台和剧场，是从广西戏剧改进会始。"

1938年8月1日，欧阳予倩排演的桂剧《梁红玉》在南华戏院首演。此后，《梁红玉》在桂林连演二十八场，为祖国西南边陲城市的观众带去一阵清风。他们意识到桂剧还可以

欧阳予倩与夫人刘韵秋，女儿欧阳敬如在广西桂林合影

有此新面貌，又被剧中女主人公梁红玉英勇正义的救国行动所鼓舞。这部剧也激发起民众的抗敌热情。自然，演剧引起的良好效应刺激了地方当局汉奸的神经。有一件大家都很熟悉的事情，大汉奸汪精卫的夫人陈碧君曾在桂林观看此剧，演到梁红玉痛斥汉奸王智时，陈碧君脸色惨白，气得未到散场就离席。再有广西财政厅长曾阴阳怪气地对欧阳予倩说："梁夫人的嘴也太辛辣了点儿，先生可否为她稍易其辞？""可以禁演，一字不改！"——欧阳予倩坚定地回复。

这次桂剧改革的尝试，起到较好的示范作用，增强了进步爱国人士继续斗争的信心。但是，在地方势力板结的西南边陲，物质经费、民众文化素质、社会环境十分落后，欧阳予倩旗帜鲜明的改革风潮要想在桂林取得更大的进步，恐怕还需要克服许多其他

欧阳予倩（二排左起第五位）与广西桂剧学校学生合影

方面的困难。

欧阳予倩排戏的过程中，由于演员的文化水平有限，并且存有很多思维定式，有时甚至需要从教字、认音开始，但是，欧阳予倩都以耐心相对。演员上午有两小时成人补习班的文化课，中饭后需要准备日戏的演出，排练时间非常有限，更不用说"抠戏"。欧阳予倩主张暂停几日日戏，用以加强排练，但是，戏院经理不同意。欧阳予倩在《后台人语》中提到剧院经理的理由是，"停止日戏，收入减少；照例桂剧演员说好是演日夜戏的，停止日戏便只给一半薪水，后台决不愿意停；如果停止日戏薪水还是照十足付给，那个例一开，以后演员就会自由不唱日戏"。

来自剧院经理的担忧不无道理，因为剧院经理的首要出发点是票房、盈利、演出再循环。但欧阳予倩从维护演出质量的角度出发，给出了"新戏排出，停止日戏的损失可以补偿；在排戏中不演日戏，薪水十足付给，戏院出一半，我担负一半"的解决办法。虽然日戏陆续停了几天，但并不是解决这个问题的长久之计。或者说，这个问题仍旧是桂剧改革道路上潜伏的隐患。这之后，欧阳予倩又给国防艺术社排演了话剧《曙光》（独幕剧）、《青纱帐里》（三幕剧）、《前夜》（阳翰笙编剧）。

1938年8月13日《克敌》周刊第23期登载了《欧阳予倩论桂剧》一文。这也是一篇讨论旧戏改革的文章。他从"改革与保存""商业的与职业的""尝试与维持现状""地域观念与充实内容""修改旧戏与排演新的作品"五个方面谈了对于桂剧改革的想法和认识，认为"有计划的改革，才真足以延长旧戏的生命"。

欧阳予倩认为演戏是职业的而非商业的，因为演戏需要顾及艺术品质、审美趣味，而不是优先考虑是否盈利。在文章中还提到，"职业的便是以演剧为职业，把握住艺术的原则，尊重艺术，不肯为低级趣味迎合落后的心理"。因此，戏剧艺术的发展需要冲破商业的藩篱以及地域的限制，并且应有意识地多编写新的剧目，这是欧阳予倩一贯坚持的"艺术一元说"的体现。

"中旅""中艺""中救"

1938年8月末,欧阳予倩与马君武在旧戏改革方面发生分歧,加上中国旅行剧团的邀请,欧阳予倩离开呆了四个月的桂林,于9月1日来到香港。唐槐秋率领中国旅行剧团到码头迎接。

唐槐秋与欧阳予倩曾在广东戏剧研究所共事三年,广东戏剧研究所解散后,又一同在上海组织现代剧团。两人算是老朋友,唐槐秋称呼欧阳予倩为"二哥"。在欧阳予倩赴欧洲考察的时候,唐槐秋在南京组织了中国旅行剧团。中国旅行剧团是唐槐秋从汉口到香港后领导的演剧团体。欧阳予倩在香港为中国旅行剧团导演了《前夜》《流寇队长》等戏。

演出时,《流寇队长》名称不能通过,改为《正气歌》。这部剧由李曼林饰演流寇队长,姜明饰演刘殿元,蓝马饰演吴志赶,杨薇饰演大红鞋。角色配合得当,排演也恰到好处,演员情绪互动良好,取得意外的成功。也正因此戏的成功,引起了团员反抗独断行事的唐槐秋的情绪。

中国旅行剧团发生内部矛盾,几个演员从中独立出来,组成"中华艺术剧团"。对于此种行为,欧阳予倩说:"大凡一个团体,如果弄到大家不能合作的地步,那就彼此都会找出许多话来说的。平心而论,槐秋的确有做领袖的才能,但是他看手腕似乎比艺术还重。他从来不看书,不重理论,对于政治、社会、教育方面的问题都不感兴趣,专以江湖豪杰劫勒党徒的手段,笼络几个技术比较优秀的演员,虽一时有如异军突起,久而久之,失了重心,变成了空虚的躯壳。至于姜明他们,把握住某种动机,未尝不是一种新的力量;但始终没有能彻底克服从来的习惯,致未能用进一步的工作来救出自己而有所建立,也未免辜负了天才。"此番在《后台人语》里的评论,以中立客观立场,分析了当事双方的利弊优缺。

12月9日晚,"中华艺术剧团"成立大会在香港铜锣湾圣玛利亚堂举行。许地山报告了"中艺"成立经过。欧阳予倩在会上致辞,表明"中艺"是中国目前硕果仅存的职业剧团,从"中旅"脱离出来以后,应更加努力。并分析了戏剧的发展动向。"中艺"上演了欧阳予倩导演的《正气歌》。

"中艺"基本维持了收支平衡的良好循环状态。因此,演员在排戏之外,每天学习英文一小时,读书二小时,每周请专家演讲,并开座谈会。演员也非常自觉,没有玩牌、懈怠、睡懒觉等不好的习惯。八个月中,欧阳予倩为"中艺"排演了《流寇队长》(后改名《正气歌》)、《魔窟》(《得意忘形》)、《雷雨》、《日出》、《钦

行书寄蔡迪支律诗轴　抗日战争时期

差大臣》、《狄四娘》、《伪君子》、《中国男儿》、《黑暗之势力》、《花溅泪》、《青纱帐里》、《屏风后》、《曙光》等剧。

在"中艺"之外，欧阳予倩还为由以前广东戏剧研究所的同学们组织的时代剧团排了两个戏；为妇女会排演了粤剧《貂蝉》。

八个多月的时间里，欧阳予倩排演了二十多部剧，剧目类型包括话剧、平剧、粤剧、英文剧等。

"中艺"从中国旅行剧团分裂出来，很重要的原因是与"中旅"领导者唐槐秋的对立立场。中华艺术剧团邀请欧阳予倩为他们排戏，欧阳予倩提前声明，表明态度："只负排戏的责任，团中一切需要他们负责自治；经济方面不干预；要起居有节，绝对不许作不正当的娱乐；要经常请人讲学，建立研究的机构。"即只负责与演出相关，而经费筹备、服装道具等演出组织事宜，需由"中艺"自行完成，并表达了自己不参与"中艺"与唐槐秋的矛盾问题。

尽管有此声明，欧阳予倩仍成为了中华艺术剧团的实际领导者。"中艺"多次组织"公演检讨会"，欧阳予倩、夏衍、胡春冰等人在讨论中不断总结演出经验，又为剧团之后的演剧谋划。

不料，欧阳予倩的一番好心却被唐槐秋误解，并产生了不满和敌对。欧阳予倩为"中旅""中艺"排戏都是奉献劳动，不但分文不收，还要贴出交通费和饭食应酬费。为了持续最低限度的生活，全靠写电影剧本预支稿费。《木兰从军》《开天辟地》写于此时。就像在《后台人语》中他说："我替人排那样多的戏，不仅是没有一文的报酬，还要贴出许多车马费和饭食应酬之费。为了维持个人最低限度的生活，全靠编几个电影剧本，预支一点稿费，不然就是借债。"

欧阳予倩在"中旅"排《流寇队长》的时候，还替香港妇女会排了一出英文的《西厢记》。由一位李医生的太太曹小姐发起演剧募款，从而获得了充足的演出经费。演出采用的是熊式一先生翻译的英文《西厢记》版本。

欧阳予倩首先删减剧本，其次计划舞台装置，使布景与服装、动作相协调。"譬如'酬咏'一场的花园景，用的是浓淡适宜的绿色幕布。左边放一个画着瓦甍的白色屏风，表示粉墙。右边（从观众席看）向台口是莺莺坐的石凳。所有的花树都是照中国画的图案，用三夹板剪裁，加上原色的描绘。又如花和秋叶的边沿，一律描金。这种画片疏疏落落，适当地参差布置，颇为美观。又如寺院的殿，挂的是深黄色的幕布，从上面吊下来一些莲花幡幢，配上一个白胡须穿红色袈裟的老和尚，确实庄严古朴……"在经费较为充足的前提下，欧阳予倩对此剧的布景设计、装置设计颇为讲究。

演员使用英文演出，语调是朗诵式的，服装是中国古装，使用旧戏的台步和手势，每个动作配合语调的节奏和韵律。此种排演方式是欧阳予倩第一次的尝试。不足之处是由于排练时间仓促，音乐未能较好地配合剧情，以及东拼西凑的服装在统一与协调方面实在欠缺。演出了三天，净收入有一万五千余元港币。不管是请欧阳予倩来排戏的香港各界阔太太阔先生们，还是欧阳予倩本人，宾客尽欢。

《西厢记》之后，欧阳予倩又为另外一个妇女团体——伍朝枢先生的女公子主持的青年救护团排演了Musical Comedy（欧阳予倩将此译为歌舞喜剧）《纽约小姐》(*Debutant goes to town*)。因是"歌舞喜剧"，欧阳予倩认为歌、舞、滑稽三种要素缺一不可。香港的演员对于此种演剧热情十足，歌舞热闹，卖座很好。

但是，正如《后台人语》提到的"外国人看中国古装剧说不出好坏，看这种戏就会想到纽约、巴黎的歌舞剧，说短道长。所以不如《西厢记》那样受欢迎，尽管卖座很好"。

1939年3月4日，金素琴来到香港。欧阳予倩在欢迎会上谈到改良旧剧时说："改良旧戏，因为味儿不同，所以引起很多人的反感，正像老八股反对白话文、浪漫派和古典派的斗争一样。但久而久之就会好的，大凡一件有意义的工作，开始必然艰难，只要我们抱定决心努力去做，定有好的收获，在戏剧史上，定有光荣的一页。虽然别人说金小姐最先上了我的当，可是，最先成功也是她呢。现在戏班里正多着醒悟的女性，但为着饭碗，都没有勇气跑出来，希望她们能够跟着时代前进。"之后，欧阳予倩还写了《从旧剧改革运动谈到金素琴》一文，发表在《申报》香港版。

5月10日，香港戏剧界在旺角中华文通书院进行了"庆祝欧阳予倩先生五十寿辰义演委员会第一次会议"。欧阳予倩有函——

敬启者：

见报载各位有组织地要为我庆祝五十寿岁的生日，盛意隆情，异常感愧。不过我以为一个人五十岁，有什么可以庆祝？当国难还在严重的时候，哪里有什么余暇来顾及个人的生日。而且把这消息披露在报纸上，也似乎夸张一点。在各位的意思，以为予倩五十岁了，应当鼓励一下，使能多作一点工作。这一层好意，自当以十二分的诚意接受，但是决不敢当诸位的庆祝。我在戏剧界的年代，虽然比诸位长，贡献并不比诸位多。经诸位提起，我已经到了五十岁，真不胜惭愧。《黄花岗》重演，分配给我的工作，一定尽力担任。但是庆祝委员会的组织，敬请收回成命。

专此敬表谢忱

此致黄花岗演出委会诸同志公鉴

欧阳予倩在香港与夏衍、金山、金素琴、蔡楚生、胡春冰等同仁一道，参与的一系列文艺活动，为香港话剧与艺术的发展奔走。1939年5月14日，"中救""中艺""中旅的时代""广东剧场香港青年戏协"等艺术团体举行聚会。金山、欧阳予倩等人在会议上畅所欲言，献计献策。

《申报》香港版1939年5月14日刊文《向着一个共同的目标前进、全港话戏界宣誓》，欧阳予倩指出："在香港发展话剧是很困难的。我们希望大家有统一的组织，在一个公共场所，可以练习歌咏，练习排剧，没有分别彼此。到那时候，我们在香港就可以成为一个供应站，补充的导演、剧本……种种的需要，我们这些戏剧工作者一定是供不应求的。——这是实在的情形。……我们千万不可放松我们的工作。戏剧是集体的艺术，戏剧运动应该是集体的行动。"

这段发言中，欧阳予倩强调了"戏剧是集体的行动"。1918年欧阳予倩发表在《讼报》上《予之戏剧改良观》的理念即"戏剧是综合艺术"。"综合艺术""集体行动"，成为欧阳予倩戏剧理论的重要出发点。

当时金山在香港组织了中国救亡剧团，并任团长。1939年5月20日，金山领导的中国救亡剧团设茶会招待香港文化艺术界人士。欧阳予倩在茶话会上表达了与老朋友金山重逢的喜悦，对"中救"在香港以及海外的活动表示赞扬，"现在见了金山，如见久别的朋友，非常兴奋，非常高兴。中救的工作是多方面的，戏剧仅仅是重要的工具而已。他们的进步，是从火线上锻炼出来的，这亦是中国戏剧的新发展，在都市的戏剧界实在觉得十分惭愧！现在，抗战是艰苦，将来在疮痍满目中建国亦是困难，中救此行任务为抗战，亦为建国。我们大家亦负有同样重要的任务，欢迎中救，要以工作上相见面。"之后6月2日，"中救"又组织了一次座谈会，欧阳予倩、夏衍、金山、唐叔明等出席。

金山领导的"中救"采取了有力的宣传方式，"中救"广告这样说："话剧为了宣传不应当卖钱，为了敷衍院税万不得已只卖一毛、二毛、三毛。很整齐的设备，很便宜的券价。"

"中救"为妇女会之一的兵灾会义演，筹募赈款，《后台人语》一文记载："不仅一个钱开支不要，反声明捐出港币三千元为义演新置布景，因此深得各界同情。"如此一来，等到"中救"遇到费用不足的情况时，兵灾会等便反过来极力为之捐款。

中国救亡剧团在港停留期间，还与中华艺术剧团、中华旅行剧团积极联合排演剧目，举行艺术活动，欧阳予倩与金山一起导演了四幕剧《黎明之前》。之后"中救"筹备出国演出宣传，欧阳予倩、夏衍等为其出谋划策。

二度入桂

1939年9月，欧阳予倩在广西政府代表马君武、白经天的邀请下，举家二度入桂。一路上伴随饥饿、战火，险象丛生。欧阳予倩在1939年9月16日写有书信，记录了当时的状况："昨晚宿遂溪县城，遇警报，旋即解除。小小一城，曾遭空袭五次，城中居民十九已疏散，冷静得很。晚间宿中山大旅店，即就炸后原址，于颓垣残壁间支架木板编竹作房门，别饶风趣，然无蚊虫，睡极安，惟厕所在野外，小孩子晚间胆怯，颇不惯了。广州湾出进都没有查过，雷州海关，亦未多麻烦，开一箱见旧衣服，另开一箱则就书稿，网篮则皆破烂铁，一笑放行。炸后公路，单行车仍能通过，但有时须推之而行，有时则须涉水而过耳。从明日起，途中尚有四天到玉林，闻玉林被残害后，城内已不能住矣。晓邦兄走路真可以，郭元泰也不坏，明日一日须赶九十里，长路颇不易，非有长力不可。途中看一本处世教育，颇为有趣，你们不妨弄一本看看，我以为个人得了许多参考资料，特为介绍。内地旅行滋味，香港少年，无由想象，连日在茅棚中喝白粥，嚼白水煮芋头，颇爽快，大酒店之夜宴，印象并不深矣。……予倩 九月十六日。"吴晓邦此次与欧阳予倩全家一同入桂林。欧阳予倩8月在香港时曾写信邀请吴晓邦同赴广西工作，担任艺术馆研究员兼舞蹈训练班主任。

当时桂林成为抗战的大后方，汇聚了一批进步的文化工作者。欧阳予倩在桂林度过了1939年初冬直到1944年桂林沦陷的整个

欧阳予倩（一排左起第二位）、田汉（左起第一位）、柳亚子（一排左起第三位）及文艺工作者在广西桂林合影

抗日战争时期。

　　太平洋战争之后，香港的左翼文化人大批进入桂林，使得桂林文化界进步空气十分浓厚。抗日战争时期，先后在桂林活动的艺术工作者和学者有：欧阳予倩、田汉、熊佛西、郭沫若、茅盾、巴金、夏衍、柳亚子、何香凝、徐悲鸿、艾青、胡愈之、胡风、贺绿汀、范长江、秦牧、王鲁彦、艾芜、丰子恺、陶行知、梁漱溟、马君武、沈志远、雷沛鸿、李四光等。"桂林文化城"美誉有得于此。

　　欧阳予倩继续投身桂剧改革。他参加了10月召开的"中华全国文艺界抗敌协会桂林分会"，并于11月接任广西戏剧改进会会长，开始全面主持广西戏剧改进会的工作。1940年1月13日，欧阳予倩参加桂林戏剧界第二次剧协筹备会议。在这次会议上，确定了"中华全国戏剧界抗敌协会桂林分会"的定名。1940年3月初，欧阳予倩担任广西省立艺术馆馆长兼戏剧部主任，又在3月

16日任桂剧实验剧团团长。欧阳予倩成为领导桂林文化城文化发展的人物。

建于抗日战争时期的广西省立艺术馆有"中国第一个伟大戏剧建筑"的美誉，是中国戏剧人抗日救亡文化担当的体现。广西省立艺术馆前身是徐悲鸿创立的美术馆，后徐悲鸿去往重庆创办美术学校，欧阳予倩接手此馆，在美术部之外，又增设了戏剧部和音乐部。

广西省立艺术馆在1940年3月成立时，只是一个组织机构，并没有实际办公场所，也没有演出剧场。每每演出时需要高价租赁戏院，对兴建场地的要求越来越迫切。但广西省政府以财政拮据为由驳回欧阳予倩的申请。欧阳予倩以募捐和贷款的方式筹得资金，加上"桂林文化城"文化人的支持——戏剧电影明星自发联合举行义演，最终于1943年底完成基本土木工程。《桂林抗战

1943年，建设中的广西省立艺术馆。该馆的建立经费是由欧阳予倩向各方筹措的

1943年，欧阳予倩与夫人刘韵秋在广西省立艺术馆建筑工地上

文化史》一书有记载："艺术馆新馆于1943年春开始筹建，由著名建筑工程师钱乃仁设计，中兴建筑公司承建。艺术馆剧场的设计是按话剧演出的要求，使舞台布局和剧场音响效果都比较理想。共有800多个座位。当时有人评价，'演话剧的，现在总算自己有个地方了'。"

　　1944年，桂林被日军攻陷。刚落成半年的广西省立艺术馆毁于战火。1945年10月，欧阳予倩率领广西省立艺术馆同仁重返桂林，再次在只剩一片瓦砾的废墟上重建新馆，并于1946年12月竣工。

广西省立艺术馆外景

2020年12月11日,广西群众艺术馆,蔺永钧、李晟编剧,李伯男、刘昊导演的《漓水烽烟》上演。欧阳维摄影

不久,就在这座建筑里,上演了那场"西南剧展"。

欧阳予倩将对于桂剧改革的想法写成《改革桂剧的步骤》一文,首先指出:"我们决不能让拥有大多数观众的旧戏,始终与抗战不生关系。"欧阳予倩在这一阶段的旧戏改革目标认清了抗战的背景以及政治的需要。并认为拥有大量观众的旧剧的内容多半腐败,且观众对于此种腐败内容渐已趋于习惯性接受,并无去伪存真的辨识能力,此种不良循环将延长落后的内容的存续,这是亟待改革的另一原因。

欧阳予倩在《论桂剧——关于旧剧改革》中认为:"桂戏因为偏处一隅,交通不便,受到上海和香港的影响不多,好比一个内地姑娘,没有烫过头发,没有穿过高跟鞋,天真烂漫,得其自然之美。桂戏本身没有经过时下流行性的传染,比较淳朴,改革的工

今天的广西群众艺术馆新馆前欧阳予倩雕像，欧阳维2020年12月8日摄于广西南宁

作比较容易着手。"改革桂戏需从内容、形式进行全方位的革新，并不是单向的"旧瓶装新酒"，不是生硬地嵌套，而是，"新的内容应当加以新的处理"，从编剧、演出法（导演）、音乐、舞台装置、灯光、服装、化妆等方方面面予以统一的改革。

欧阳予倩在《百花齐放中的桂剧》一文分析了桂剧当时面临的几个问题，包括剧目数量少、演员和乐师对业务缺乏尊重、集体的力量有待进一步发挥、演员年龄偏大带来的演员梯队青黄不接、音乐方面缺乏新人、桂剧活动范围有限。

针对这些问题，欧阳予倩给出了初步的解决方案：提高演员、乐师及其他工作人员的工作素养，取长补短；业务学习的同时注重文化学习；整理传统剧目的基础上，创作新的剧本；培养新的演员；重视音乐的发展，乐师需要端正认识与演员一同精进业务能力，并加强配合；导演匮乏时，试行集体导演，院团之间导演应加强交流。

欧阳予倩二度到桂创作的第一个剧目是独幕剧《越打越肥》。

描述了抗敌的危难时刻，战士在前方不惜生命地与敌人作战，"胖子"却借机大发国难财，不仅走私倒卖，还娶姨太太、花天酒地，前方战乱"越打"他"越肥"。当瘦子弟弟提议他捐款时，他却一毛不拔，倒地装死。当姨太太们一窝蜂地冲过去捶他晃他时，胖子窘态毕露，从地上跳起来，"我还没有死"。现场众人惊叫，"僵尸！僵尸！打！……"这部剧以胖子和瘦子这一组外表形态差异化明显的兄弟作为标的，对比胖子的贪恋和瘦子的正义，某种程度上影射了社会黑暗面，令人唏嘘。讽刺的手法、喜剧的刻画，让观众笑着反思。

1940 年，欧阳予倩又创作了《战地鸳鸯》《我们的经典》等短剧。这些剧目今天读来虽然会感到带有"宣传口号""标语化"的特点，但是在当时的社会环境中，却起到了贴近观众生活，引导民众的作用。

欧阳予倩创作了历史剧《忠王李秀成》。《忠王李秀成》讲述了李秀成解"天京之围"，斗奸臣贼子的故事。刻画了李秀成的"忠"和"勇"。"忠"在将自己的母亲、妻儿送到天京为人质，以解天王的猜忌，对天王、对民众、对太平天国革命事业、对自己的忠心；"勇"在血战苏杭，派兵支援安庆，巩固地方安危；但英雄之路并非一帆风顺。洪秀全听信逸言，故意要李秀成进京，否则就是怀有"异心"。李秀成进京后，洪秀全却多番阻拦，李秀成根本无法见到天王。他冒着灭门之罪撞钟，这才见到天王。李秀成据理力争，献计献策，不管出兵迎战还是出城抢运粮食，都遭到拒绝。李秀成的一番忠心不得施展。而奸臣贼子私贩粮食，造谣中伤，削弱李秀成的势力，致使天京陷落。李秀成的母亲跳崖自尽、妻子自刎，李秀成也被俘，壮烈牺牲。

这部剧以历史史实为创作素材，揭示了太平天国失败很重要的原因是内部变质、内部争斗，突出了"李秀成"这个人物值得尊敬的品质和形象。对此，欧阳予倩在《忠王李秀成》（序言）中说："历史戏是要把过去的奋斗的事迹作现代斗争的参考。尤其是要用古人的斗争情绪鼓励现代人向上。"而李秀成，作为太平天国后期的杰出将领，在那样危急的时刻，遭受着身体和内心双重打击，但仍忠贞坚定，又体贴民情，转战大江南北，立下了多次奇功。他无时无刻不受着倾轧、埋怨、冤枉和猜忌，危难荆棘布满他的脚下，终于流尽了最后一滴血，光荣牺牲。欧阳予倩写就此戏正是想鼓舞士气。

至于历史戏，欧阳予倩认为："历史戏也不过是戏，不是历史，不是传记，所以要注重戏剧的部分，注重舞台上的效果，要使之全部戏剧化。"这里的历史是已经发生的事迹或介绍那一个时代的人物；历史家对事迹或人物往往加以脚注和分析、评判；而戏剧不再单是叙述事迹，而是需要对其加以剪裁、提炼，继而重新组织，创造人物，赋予人物以语言、动作，展现在观众的面前。因此，欧阳予倩在《忠王李秀成》（序言）中说道："历史戏只求无悖于历史，与社会科学正确的观察无甚抵触，注重的还是戏剧本身。……历史戏并不是布置一个梦境似的迷宫，而是要使观众因过去的事迹联想到目前的情况，这就是所谓'反映现实'。"

《忠王李秀成》在1941年4月25日由广西省艺术馆馆长欧阳予倩主持召开的美术、戏剧、音乐三部联席会议上，被戏剧部定为"剧人节"公演剧目。5月31日起至8月18日止，《忠王李秀成》在桂林《大公报》文艺副刊连载。8月8日，此剧由广西省艺术馆实验话剧团正式开排。10月30日，广西省艺术馆实验话剧团开始演出此剧,并且连演 14 天,场场满座。

1942 年初,欧阳予倩将电影剧本《木兰从军》改编为桂剧。木兰代父从军的爱国精神也符合当时抗日背景,并且有利于激发民众的斗争热情。可以发现,欧阳予倩此时在桂林创作剧目都突显"为抗战服务"这一指导思想。此外,欧阳予倩创作或改编的桂剧《桃花扇》《广西娘子军》《搜庙反正》《胜利年》等剧目都较为明确地反映了抗日战争时期的社会现实和斗争行动。

桂剧著名演员尹羲在欧阳予倩创作的桂剧《桃花扇》中饰演李香君

欧阳予倩在桂林期间继续发展"编+导"的全能优势。他导演了由阳翰笙编剧的《天国春秋》,曹禺编剧的《家》,夏衍编剧的《心防》和《愁城记》,老舍和宋之的编剧的《国家至上》,夏衍、宋之的、于伶合编的三幕剧《草木皆兵》。

《桃花扇》后于 1946 年 12 月由欧阳予倩改编为话剧,并于 1956 年收入《欧阳予倩剧作选》(人民文学出版社),此后 1957 年中国戏剧出版社出版单行本。

《天国春秋》,六幕古装历史剧,由阳翰笙编剧、欧阳予倩导演。1942 年 4 月 24 日由广西省艺术馆实验话剧团在广西剧场演出。

《家》,曹禺根据巴金小说改编而来,欧阳予倩导演,1943 年 7 月 12 日由广西艺术馆实验话剧团在广西剧场公演。

《愁城记》，夏衍编剧、欧阳予倩导演，1942年2月7日起由广西省艺术馆实验话剧团公演。

《国家至上》，老舍、宋之的编剧，欧阳予倩导演，1943年4月13日由广西艺术馆话剧团演出。

《草木皆兵》，夏衍、宋之的、于伶编剧，欧阳予倩导演，1944年8月17日由广西艺术馆话剧实验团在该馆礼堂上演。

欧阳予倩导演夏衍编剧的剧目最多，"夏剧欧导"成为剧坛佳话。"夏衍的剧本，不追求曲折离奇的情节和浪漫主义的想象，而是遵循现实主义的创作原则，描写'人生的严肃'，风格清新淡远，一经欧阳予倩导演，极为传神。"

桂林当时形成了以欧阳予倩为中心的艺术馆话剧团和田汉靠近军委政治部抗敌演剧队系统的新中国剧社两种话剧力量。对此，田汉在为《欧阳予倩全集》所作的代序《他为戏剧运动奋斗了一生》中说："我们从来不是轻视技巧的，但是我们更多地看重政治任务所在，我们不惜日以继夜地把戏剧突击出来，因此我们被称为'突击派'，而予倩的艺术馆代表着所谓的'磨光派'。谁不愿意把自己的艺术磨得更光呢？但我们不主张为磨光而磨光。我们是主张在突击中磨光的。"

欧阳予倩领导的艺术馆有政府经费和演出场地支持，而新中国剧社却是身无分文的穷团体，有时甚至需要借钱来买柴米油盐维持生活。剧团要想在桂林站住脚，就需要依靠群众的支持。为了得到群众的支持，就不能没有技术，就需要硬干、实干的"突击"精神。不同的生活经历、不同的处境，使得欧阳予倩与田汉的艺术思想在"磨光"与"突击"方面产生分歧，但他们也正是在争执中一步步向对方走近。

实际上，由于外部日寇入侵和内部军阀不顾民族危亡大发国难财的双重黑暗背景，欧阳予倩的革命倾向使得他以最激愤的情绪、最快的速度写了一批讽刺和批判时事的戏，例如《越打越肥》《忠王李秀成》。因为外部环境的刺激和社会的动荡，以及抗争和揭露恶劣环境的迫切需求，不容许追求过于烦琐的艺术要求，因此写得快、演得快，"磨光"和"突击"也就靠近了。

《后台人语》

欧阳予倩1942年至1943年间发表了《后台人语》（之一）至《后台人语》（之四）等四篇文章。《后台人语》（之一）发表在《文学创作》（创刊号）1942年9月15日；《后台人语》（之二）发表于《文学创作》第一卷第四期，1943年1月15日；《后台人语》（之三）发表于《文学创作》第一卷第六期，1943年4月1日；《后台人语》（之四）发表于《文学创作》第二卷第五期，1943年12月1日。这四篇文章后收录于《欧阳予倩全集》（第六卷）。

《后台人语》（之一）从欧阳予倩等艺术馆戏剧部同仁到衡阳公演八天的经历谈起，写到公演的目的是募集文化资金，并借此发展衡阳的艺术运动。欧阳予倩认为，演出虽然初步达到了目的，但是就演出环境以及演出状态来说，实在有许多方面的不足。欧阳予倩谈及了天气炎热、频遭空袭、剧场环境差、演员疲惫等原因，更为重要的是，在环境的动荡中，时常面临演职人员临时替换的情况，导致失去原本培养和建立起来的默契，演出效果大打折扣。

《后台人语》论及表演，认为念好台词十分必要，因此，他重视剧本朗读。"剧本朗读并不是仅仅拿起个剧本高声诵读，在诵读之先必将所选定的剧本彻底加以研究，对于剧中人的人格、性情和其在剧中的地位，其所遭遇的事态种种，必须彻底了解，完全融汇于心，然后选择最适当的声调和节奏，活生生地表现出来。"他

抗日战争时期，欧阳予倩与千家驹、莫乃群、张锡昌等在广西平乐合影

接着强调了台词的重要性，"练习台词和练习声乐一样，先练声音，再将每句的每一个字的轻重徐急长短刚柔，安排得妥妥当当，再把许多句联串起来，成为一节，许多节联串，成为一段，推而至于贯通全剧。"

欧阳予倩认为台词、形体等基本功是戏剧这个综合艺术、集体艺术的重要关节。"集体艺术之所以可贵，正因为能精集各种姊妹艺术，适当地剪裁分配，连缀而成整个的作品，表现一个完整的内容；决不是支离破碎的东西，决不容各自为政，畸形发展。"这个观点可以看成是1918年《予之戏剧改良观》提出"戏剧是综合艺术"的一脉发展，也可以体现欧阳予倩的核心戏剧理论。

欧阳予倩颇为赞同以斯坦尼斯拉夫斯基为代表的现实主义排演方法，以细致的做法，经过缜密的衡量和长时间的体验，再描写演绎一个人物。"所以莫斯科艺术剧院的戏，以他们那种熟练的演员，每个戏都至少排练六个月以上，这并不是偶然的。"欧阳予倩认为莫斯科艺术剧院的戏，看上去不像在演戏，和现实生活一样，并无夸张的表演，是把握住了人生社会的真实。欧阳予倩认为，演员、编剧、导演、舞台美术等不能孤立存在，而是一个整体——戏剧工作者的存在。演戏必要经过戏剧工作者的多方探讨和齐心齐力，否则就会像"不足月的孩子，浑身是病"。

在《后台人语》（之一）中，欧阳予倩还谈了传统戏园戏台和观众的原生态景观——"中国人大声说话的习惯，自古已然，这与中国的建筑和礼节似乎都有关系。旧式的建筑那种大厅堂，两排八仙椅相隔很远，客与主人对面一坐，说话自然会大声。常见两人对坐，用很大的声音说话，好像大家都是聋子，他们一进剧场，就好像在家里一样高谈阔论起来；还有些人到剧场并不为看戏，会会朋友凑凑热闹，所以入场不必按时刻，不必守秩序；还有就是锣鼓喧天的旧戏看惯了，不知不觉就会纵谈自若；还有少数的人等主角出场，主角不出场尽管谈话，偏偏遇见有些话剧没有鲜明的主角，便也无可如何。"

由于传统戏园的建筑格局以及观众爱看武戏热闹的心理，使得中国传统戏园的观演环境一直都是"吵吵闹闹"。欧阳予倩对此深不以为然，他列举了英国、法国、苏联等西方国家的观演环境——"鱼贯而入按次序买票、从无争执，戏馆大约在开幕前半小时开门，不到时候甚至于连电灯都不开。开幕之后，那一幕没有演完决不入场，迟到的一定等闭幕之后再入场，以免扰乱秩序、破坏气氛。英国人看戏很静……"

欧阳予倩的论述，表达了对文明观剧环境的向往。从中可以看到传统戏园、早期话剧与西方戏剧之间的差距和努力的方向。

西南剧展

在进步力量的支持下，欧阳予倩在桂林还与田汉、熊佛西、瞿白音、丁西林等人策划、组织了中国戏剧史上第一次大规模、可以用"盛会"来形容的戏剧活动——"西南第一届戏剧展览会"（简称"西南剧展"）。

欧阳予倩担任剧展筹委会主任，田汉、熊佛西、瞿白音、赵如琳等戏剧工作者为筹委会常务委员。1944年2月15日，西南第一届戏剧展览会在广西艺术馆新厦开幕，同时也是广西艺术馆新厦落成典礼。

"西南剧展"持续开展三个多月时间，桂、粤、湘、黔、滇、闽、赣、鄂八省西南八省上千名文化艺术工作者参加，演出上百场，观众总数超过十万人。欧阳予倩向大会作了《关于西南第一届戏剧展览会筹备经过的报告》。

2月18日，话剧演出展览首场演出，是由欧阳予倩编导、广西省艺术馆实验话剧剧团演出的《旧家》。演出持续至2月24日。西南剧展成功顺利举办，为祖国大西南那片远离政治中心、商业中心的偏远地域带去了希望的种子。

对于剧展的报道，桂林及西南各大报刊机构纷纷发文，数量达上百篇。当时正在西南观光的美国剧评家爱今生在《纽约时报》撰文，1944年5月17日桂林《大公报》转载："如此规模宏大之戏剧盛会，有史以来，自古罗马曾经举行外，尚属仅见。中国处于极度艰困条件下,而戏剧工作者以百折不挠之努力,为保卫文化、拥护民主而战,给予法西斯侵略者以打击,厥功至伟。此次聚中国西南八省戏剧工作者于一堂,检讨既往,共策将来,对当前国际反法西斯战争,实具有重大贡献。"

"西南剧展"首先进行了戏剧演出展览,从2月16日至5月19日,来自广西、湖南、江西、广东四省的二十多个文艺团队参加了演出。演出剧目以抗日话剧为中心,团结不同的剧种,形成一种凝聚力和向心力,努力将社会各阶层的人聚拢在"抗日"的核心。艺术组织方面,在欧阳予倩等人的核心领导之下,各项活动有序进行。

欧阳予倩为"西南剧展"编导了五幕剧《旧家》、桂剧《木兰从军》、桂剧《人面桃花》(1946年4月15日在群众剧院演出)以及话剧《屏风后》等剧目。其中,《木兰从军》由广西戏剧改进会桂剧实验剧团演出;《人面桃花》由桂剧学校演出;《旧家》和

西南剧展上演欧阳予倩创作的话剧《旧家》剧照

《屏风后》由广西艺术馆话剧实验剧团演出；欧阳予倩翻译的三幕剧《油漆未干》由广西省立艺专以粤语演出；《梁红玉》由柳州四维平剧团演出。

在欧阳予倩编导的剧目之外，还有田汉编写的话剧《湖上的悲剧》（新中国剧社演出）、《名优之死》和《江汉渔歌》（四维平剧团演出）；田汉翻译的剧作《父归》（日本菊池宽原著，由四维平剧团演出）；夏衍的作品《戏剧春秋》

1938年，桂剧演员尹羲在欧阳予倩创作的桂剧《人面桃花》中饰演杜宜春

《法西斯细菌》《愁城记》《水乡吟》；曹禺的作品《家》《日出》《蜕变》；于伶的《杏花春雨江南》；宋之的的《鞭》；瞿白音导演的《大雷雨》《百胜将军》《钦差大臣》等外国戏剧名著。中国的戏剧工作者在艰苦的战乱环境中积极开展的抗战戏剧运动带有"夹缝中求生存"的悲壮意味和深远意义。

欧阳予倩、田汉等人团结一切可以团结的社会力量，"西南剧展"不仅有话剧、桂剧、平剧等剧种剧目，还邀请了马戏团等民间团体加盟。中国杂技艺术家协会广西分会主席、原周氏兄弟马戏团副团长周云鹏回忆说："西南剧展结束后，田老给我们题了四个字'龙马精神'；欧阳老则给我们题了一首诗，'兄弟竞技渡关山，不畏风波世路难；正是国家多难日，健儿身手岂能闲'。"

"艰苦忠勤的戏剧工作同志到这里来！"张贴在广西艺术馆

新剧场进口处的标语,彰显了爱国戏剧人士的追求和努力。3月1日,戏剧工作者大会举行,持续至17日。欧阳予倩在"西南剧展"大会上作了《剧运工作之开端》《我所看到的几个演剧方法》《广西省立艺术馆工作经过》等学术报告。这些行动既是欧阳予倩迎合中国长期的反帝反封建任务、愈合内患的需求而做,也是将其

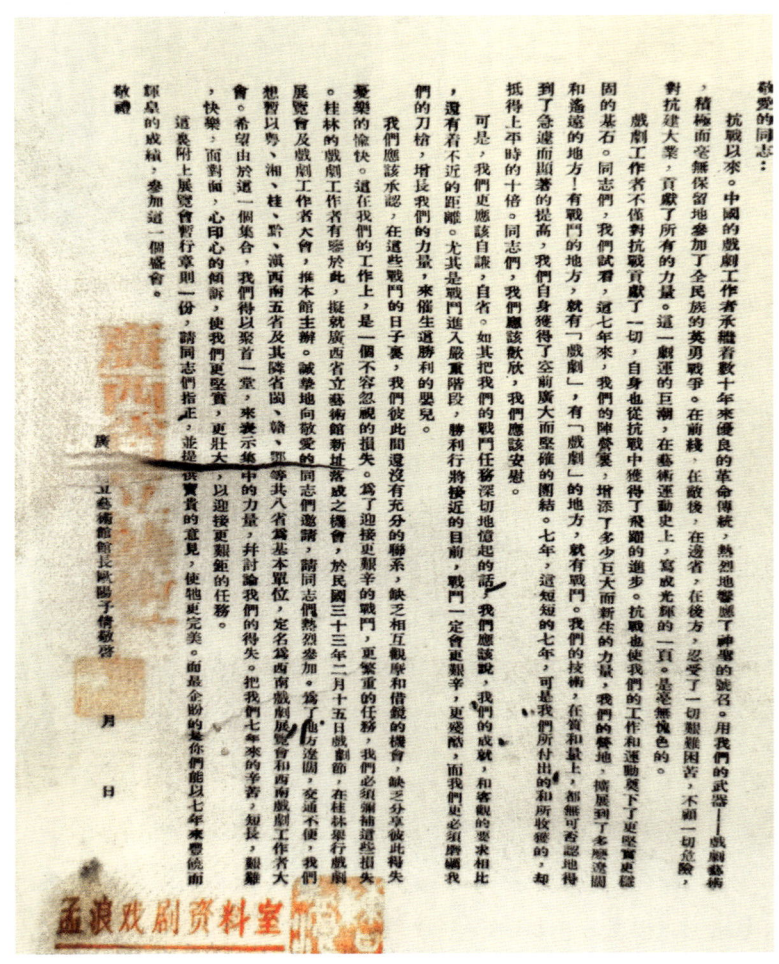

欧阳予倩就西南剧场即将开幕一事写给戏剧工作者的信

个人与民族命运、国家存亡置于同一空间的自觉性体现。

欧阳予倩的专题报告《中国话剧运动史》从中国留日学生组织"春柳社"谈起，将文明戏、五四运动、洪深等排演话剧、田汉组织"南国社"至抗日战争爆发，上海"孤岛"戏剧运动，这一脉中国话剧的历史加以阐释和分析。这对青年戏剧工作者更好地总结过往的工作、展望未来具有启发意义。

田汉、熊佛西、赵如琳等从不同角度探讨了中国戏剧运动的现状和发展，确定了"深入群众，坚持抗战"的基本方针。戏剧工作者大会还就"戏剧运动路线""如何创造民族歌剧""改革旧剧"等问题先后举行了五次座谈会，并做出成立中华全国戏剧界抗敌协会西南分支的决定，并通过了"十条剧人公约"：认清任务、砥砺气节、面向民众、面向整体、勤研学术、磨炼技术、效率第一、健康第一、尊重集体、接受批评。

欧阳予倩在桂林期间，大量有价值的会议报告和理论文章面世。例如，《改革桂戏的步骤》《舞台与剧本问题》《关于旧形式的运用》《高尔基剧院》《战后的戏剧运动》《艺术工作者今日的任务》《民众教育的电化》等，成为研究欧阳予倩戏曲改革思想的重要文献来源。

1944年3月17日下午，西南剧展资料展览开幕。这是"西南剧展"的又一项重要活动。"资料展览"为期十九天，观众近三万七千人次。十多个单位参展，展品涉及团队历史、统计图表、舞台模型、舞台画片、剧作家手札手稿、说明书、戏剧脸谱、海报、世界各国戏剧门票等类别，达数千件之多。据《桂林抗战文化史》的记载："参加展出的团队有22个，展出各团队文献资料375件，剧照、剧作家像205张，统计图表65张，舞台模型62座，舞台设

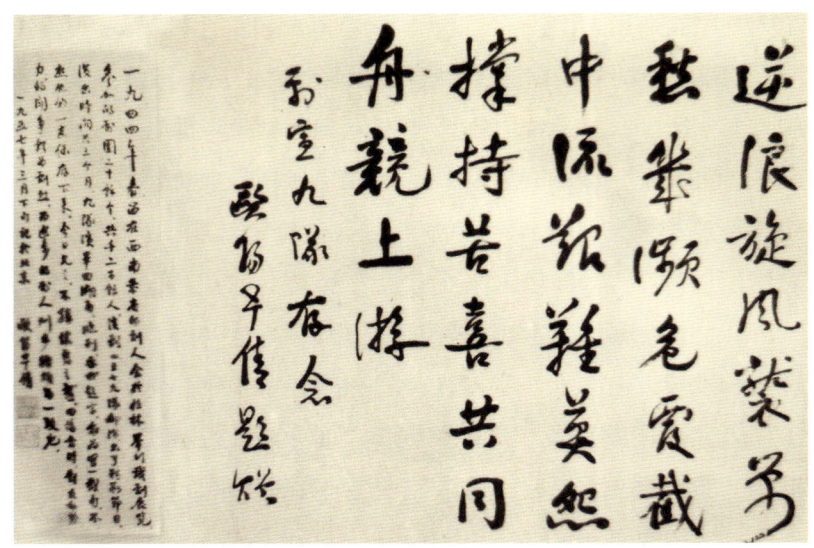

1944年，欧阳予倩在桂林为剧宣九队题词

计图64张，平剧脸谱163件，剧作家原稿、手札25件，平剧、桂剧孤本79件，总计达1000余件，珍贵新颖，丰富多彩。"

戏剧运动历史资料包括"历史的痕迹"和"辛勤的耕耘者"两项。前者从纵向方面展现了中国话剧运动的发展继承，按照欧阳予倩在报告中提到的轨迹，从"春柳社"到民国初年文明戏，再到话剧的发生以及南国社的发展，直到20世纪30年代上海兴起的剧团剧社组织，以及抗日战争爆发以后，爱国进步人士的救亡演剧队等。后者则陈列了欧阳予倩、田汉、洪深、熊佛西、夏衍等戏剧工作者的生活照片、手迹、稿件等有关资料，呈现了中国剧坛奠基人在物质条件艰苦的年代的创作精神。这些戏剧改革者的人生，本身就是中国近现代戏剧史的组成部分。

"西南剧展"还展出了剧宣四队、剧宣七队、剧宣九队、新中国剧社、广西省立艺术馆、广东艺术专科学校、桂剧学校、桂林思维平剧社、广西大学青年剧社、中山大学剧团、衡阳社会剧团、七战区艺宣大队、周氏兄弟马戏团等十多个单位报送的资料展览。这些团队的诞生和成长,都是在动荡的战乱环境中,在贫困中顽强存活并以坚定的信念坚持下来的。除此以外,还有桂林、重庆、昆明、贵阳、香港、福建、江西、湖北、上海、山西等各地剧院资料。

更难能可贵的是,魏华龄在《桂林抗战文化史》中记载的"为了支持西南剧展充实戏剧资料展览的内容,当时驻桂林的塔斯社,还通过苏联驻华大使馆从莫斯科征集到苏联的名导演、名演员的照片和剧照。当时在桂林的一位英国侨民,也特意制作了四座英国莎士比亚时代及现代的舞台模型送交大会展览。这在当时是十

1946年,广西省艺术馆同仁欢送欧阳予倩馆长暨刘韵秋夫人纪念合影

抗日战争胜利后，欧阳予倩与夫人刘韵秋离开桂林

分难得的"。

  资料展览交流展示了各进步剧团的经验，也从成功案例中看到自身的不足，今后的工作方向也得以明确，戏剧工作者的积极性、战斗性、创造性也得到了提升。

  今天，我们只能从书籍记载、从一张张早已泛黄的照片、从一座座肃穆的雕像中，偶而窥得当年"西南剧展"的历史面貌，想象当时的桂林城沸腾在激昂进步的情绪和浓厚的艺术氛围中。

  欧阳予倩等人也正视"西南剧展"的不足。大会闭幕时，欧阳予倩就对个别剧目脱离现实、迎合小市民心理的情况提出了批评。并且总结了展览的计划性、剧目反映现实生活的程度、表演方面的不足。

  欧阳予倩在桂林开展戏剧运动之时，所处环境一直都非常险恶。外部面临日寇侵袭，内部又有矛盾暗算，加上困顿贫乏的物质条件，欧阳予倩以顽强的意志克服险境中的困难。

西南剧展后，日军占领了湖南衡阳，从南北两个方向进逼桂林。湘桂大撤退开始。欧阳予倩率愿意留在广西敌后抗战的部分艺术馆馆员沿漓江东下昭平；田汉则随着被战争驱赶的人群经柳州撤向贵阳。刚刚好不容易团结在一起的人，不得不又分散逃难了。但是，他们的心始终在一起。

日寇投降后，欧阳予倩回到桂林，从瓦砾堆中又把艺术馆重建起来。因为艺术馆的画展有几幅画讽刺了法西斯，又因欧阳予倩在一次讲话时批判了胡佛而被认为是反美情绪，欧阳予倩受到了胡旭初等人的责难。

1946年下半年的桂林形势突变，面对他人的恶意中伤和造谣是非，欧阳予倩只得辞去广西艺术馆馆长一职，无奈之下，带着极为失望的心情，离开了前后生活、战斗长达八年的桂林。离开时，欧阳予倩甚至到了要变卖私产以筹旅费的窘境。最后在上海戏剧界同仁的接济之下，欧阳予倩一家才从桂林抵达上海。

田汉曾在欧阳予倩七十三岁生辰时赠诗以

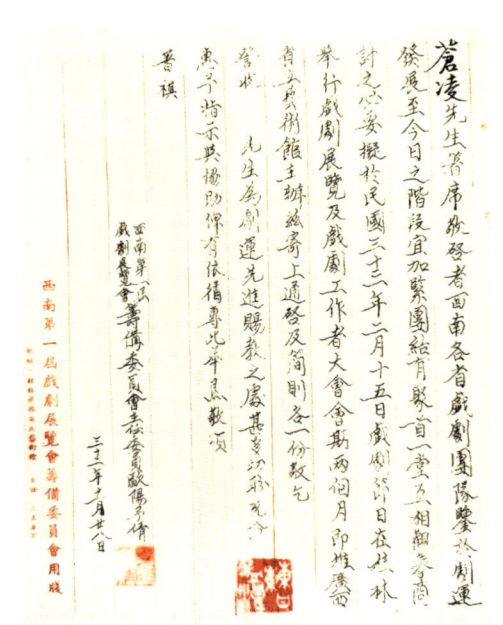

欧阳予倩致苍凌的信

颂他们和他们战斗过的广西桂林:"桂林一炬又千笳,兄向昭平我向巴。难得烽烟携老伴,惯挥箭鼓走天涯。楼台劫后重安柱,树木春来又发芽。再度功成挥手去,不除美蒋不为家。"

1946年8月,欧阳予倩以母亲年老身边需要有人侍养为由,辞去广西省艺术馆馆长一职。9月底,离桂赴沪。

欧阳予倩在桂林生活八年,与桂林、桂林人民结下了深厚的情谊。西南剧展闭幕式上,"欧阳予倩的致辞获得席间激起狂热的掌声,众会员将欧阳予倩高举于台上,以示崇高敬意"。

欧阳予倩展现出来的中国戏剧人抗日救亡的"文化担当",点亮了文化名城桂林以及群众文化事业的星星之火。

第九章 「求真、创造、至美」

「戏台小天地,天地大戏台。」

一九四九年后,欧阳予倩与田汉、夏衍等中国戏剧运动的开拓者从南方齐聚北平,参与了一系列文艺事业的筹建组织活动,并担任中央戏剧学院第一任院长。这是他戏剧生命历程践行国民剧场道路的集大成,也是终点站。

从「挨一百个子弹也不灰心」到「一息尚存,此志不容懈」,欧阳予倩七十余载的人生,正是中国社会风云变幻、戏剧戏曲革新跌宕的「横跨新旧时代」的转型过渡时期,正如老友田汉所言,「欧阳予倩本身就是中国传统戏曲和现代话剧之间一座典型的金桥。欧阳予倩一生都在为架设这座金桥孜孜不倦辛勤劳作」。

"我诞丑年湖南牛"

1946年,欧阳予倩一家从广西到上海后,又陷入失去生活来源的境况。欧阳予倩只得写稿卖稿,同时在上海戏剧学校兼职教课以维持生活。

此时他写了电影剧本《关不住的春光》,塑造了"由忍辱到苦闷,又由苦闷到坚决出走的思想变化过程"的女主角梅春丽。《中国电影发展史》认为这个剧本"写出知识妇女反抗束缚、渴望自由的呐喊",欧阳予倩在《电影半路出家记》中也说:"我想着重说明,要求解放的进步思想和春光一样,绝不是铁门所能关得住的。"这样的主题在今天依然具有积极的意义。

1946年12月10日,欧阳予倩随新中国剧社由上海搭"台南号"启程赴台演出,12日抵达台北。1947年1月中旬,新中国剧社在台湾演出了《郑成功》《桃花扇》《日出》《牛郎织女》四个戏,前三个戏都是欧阳予倩导演的。有评论认为,"这次演出是台湾戏剧史上值得记载的一页,它不仅使长期遭受殖民统治的台湾人民第一次比较完整地接触到话剧这种演出形式,通过演出,也向他们介绍了祖国大陆优秀的文学艺术,灌输了爱国主义思想"。

欧阳予倩在台湾短短两个月时间,与新中国剧社的青年同仁亲密合作。欧阳予倩在1947年的《文艺春秋》发表的《三个戏——演出小记》一文曾说:"我生平和朋友合作,有两回是最愉快的。一是在桂东敌后和几个朋友(注:张锡昌、千家驹等)办

《广西日报》(昭平版);一就是这回到台湾来帮新中国剧社的忙。我觉得这班青年剧人实在可爱,他们是那样天真、纯洁、好学、耐劳。……我和他们合作,使我也更年轻了些。"

据台湾《民报》所载,话剧《郑成功》于1946年12月31日起在中山堂公演六天,1947年1月11日起公演《牛郎织女》,1月22日起公演《日出》。在台湾短暂的戏剧演出和交流期间,欧阳予倩撰写了《关于〈郑成功〉的演出》《台湾剧运的新阶段》等理论文章,分别载于1947年的《台湾月刊》《新生报》。

《郑成功》是欧阳予倩根据魏如晦(阿英)的原著《海国英雄》改编而来。欧阳予倩主要从史实对"戏剧性"发展的限制,以及如何解决方言问题从而使得更多观众可以听懂这两方面下功夫。他在《三个戏——演出小记》中说:"写历史戏最要紧的是把握要点;要认清当时的时代背景;要能批判地接受历史的教训。不以影射时事为己足。"并且,"艺术家要能辨善恶,要崇善而抑恶,要使读者、观者崇善而抑恶。……《郑成功》所表彰的决不仅是侠义的、愚忠愚孝式的气节,而是不屈不挠、为民族国家的奋斗"。欧阳予倩将剧目创作与时代需求、历史进程与发展结合起来,方向明确。

1947年3月,迫于政治形势,欧阳予倩随新中国剧社提前返回上海,为大同影业公司编写了一个戏。欧阳予倩在《电影半路出家记》中自述想不起这部戏的名字,但见广告登着"神工鬼斧,匠心独运,千锤百炼,不同凡响;《弱者,你的名字是女人》欧阳予倩编剧"。原来是洪深替欧阳予倩新取了个名字,欧阳予倩自嘲片子放映后自己从来没看过,许多人对片名有意见,欧阳予倩也无从解释。

1948年1月，卜万苍从香港来到上海，邀请欧阳予倩到香港永华影业公司。欧阳予倩接受邀请，1月27日与周贻白、顾仲彝等人从上海坐船前往香港。4月，欧阳予倩编剧、洪深和郑小秋导演的《弱者，你的名字是女人》公映。欧阳予倩在永华影业"写过两个故事"，"可是用与不用，很长时间以来渺无消息"，他感到待下去没有意思，便退出"永华"。

1948年10月，欧阳予倩脱离永华影业公司，加入了刚成立的大光明影业公司，导演了《野火春风》。《野火春风》于1949年4月1日在沪光、新光、平安、国际、银都、虹光六大戏院上映。

1948年11月，正当淮海战役解放军节节胜利，他还导演了电影《恋爱之道》。这是欧阳予倩导演的最后一部影片。这部以"恋爱"为名的影片主题并不是谈恋爱，而是谈革命的意志和情操。这部片子在相对自由的空气中拍成，摄制的经费来自于大家的凑款。他在《电影半路出家记》中说："当时我们在香港凑点钱拍电影，并不是为了要干这行生意，也不是为了要过瘾，而是要把香港的进步电影工作者团结起来，给予适当的安排和培养。这和在上海干戏、干电影是一个道理。"

书赠诗

"我诞丑年湖南牛,毕生苦干不抬头。食草挤奶一无惜,唯有穿鼻之绳不可留。穿鼻之绳何所拟?譬如尘封故纸压心头。少年飞跃向真理,垂老堪为牛步忧。五十年来何惨淡,浮沉磨折无自由!愿为川上桥,愿为渡口舟。彼岸风光和且丽,夕景未云短,何妨继之烛!尚堪与君携手共遨游。"5月16日,"庆祝戏剧界老前辈欧阳予倩先生六十大寿及参加戏剧工作四十周年纪念会"在香港六国饭店举行,郭沫若、茅盾、夏衍、柳亚子、胡愈之等文化艺术界知名人士及港九戏剧青年六百余人到场参会。舒绣文在会上朗诵了欧阳予倩自作的这首《六十自寿放歌》。此外,郭沫若还赋诗《寿欧阳予倩先生》,"奉此小诗,以侑菊觞"——

欧阳予倩小影

蓬壶春柳尚青青,南极大星今更明。世载孟旂垂耳顺,孀民依旧要先生。吃人礼教二千年,弱者之名剧可怜。妙笔生花翻旧案,娜拉先辈缤金莲。太平遗事费平章,革命潮流久断航。纵有狂徒颂曾左,四方今唱李忠王。不媚天家不颂神,缪司崙合鸣人民。荷锄荤来随言后,努力同挖封建根。

当辽沈、淮海、平津三大战役顺利结束,百万人民解放军直逼南京,欧阳予倩在党的秘密安排下,悄悄离港。这一次他没有回上海,而是直接于1949年4月8日抵达北平。一直在南方开展戏剧活动的欧阳予倩从此开始了他的"北平"生活。

国立戏剧学院

欧阳予倩到达北平后,先是参加了一系列社会活动。这些活动是在中华人民共和国成立伊始,戏剧戏曲艺术也亟待步入正轨的背景下组织的。例如,中华全国文学艺术工作者代表大会(1949年6月25日,任南方代表第一团团长)、中国人民政治协商会议的筹备会议(1949年7月4日),参与了国旗、国徽、国歌方案的拟定;中华全国戏剧工作者协会成立大会(1949年7月24日),通过了中华全国戏剧工作者协会章程(草案)。以及中华全国电影艺术工作者协会成立大会(1949年7月26日)、中华全国戏剧

欧阳予倩雕塑,笔者摄于中央戏剧学院东城校区

工作者协会（1949年7月27日）和中华全国戏曲改革委员会会议。

欧阳予倩主持中华全国戏曲改进会时说道："召开这个大会是接受文代大会的指示，完成改革戏曲的任务。"1949年9月21日至27日，欧阳予倩出席中国人民政治协商会议。10月1日，在天安门广场参加中华人民共和国开国大典。

中华人民共和国成立后，欧阳予倩受命负责国立戏剧学院的筹建工作，筹备工作持续半年。1950年4月2日，国立戏剧学院正式成立，欧阳予倩担任首任院长。副院长是曹禺、张庚，教育长（教务处长）是光未然。

这所艺术学校至今仍是中国戏剧艺术的最高殿堂。欧阳予倩任院长时，将学院工作设置为教学和演出两大部分。教学系部设有：话剧

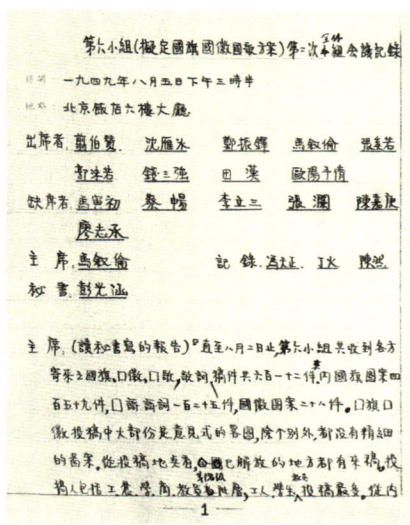

1949年8月5日，拟定国旗国徽国歌方案的部分会议记录

欧阳予倩院长签发的国立戏剧学院学生毕业证书，笔者2018年摄于中央戏剧学院昌平校区院史馆

欧阳予倩雕塑，笔者摄于中央戏剧学院昌平校区

（表演）、歌剧、舞蹈、舞台美术和戏剧文学系；演出方面建立了中央实验话剧团，编有话剧团、歌剧团、舞剧团和艺术创作室的演出团体。欧阳予倩为中央戏剧学院奠定了一套适合中国的教学方法和与演出实践相结合的戏剧教育模式，七十余年实践下来，戏剧人才辈出，戏剧佳作在各个舞台上闪耀着光芒。

从南通、广州、桂林一路走来，欧阳予倩积累了丰富的戏剧教育教学和实践经验。南通伶工学社、广东戏剧研究所附设演剧学校以及桂林的"戏剧促进会"都受制于历史的、政治的原因，未能延续发展下去，只在特定阶段泛起涟漪。但是，欧阳予倩此前的经历组成了缔造中央戏剧学院这座戏剧王国的宝贵经验。

宏观上，欧阳予倩提出"形体和台词"两大表演支柱，以及"真戏剧"的核心理念。认为剧本是话剧的灵魂。在微观具体层

欧阳予倩手稿

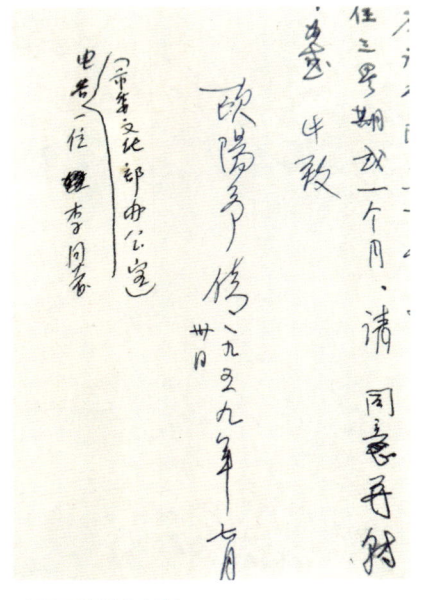

欧阳予倩签名笔迹

面，欧阳予倩亲自制定教学计划，亲自授课、亲自排练。欧阳予倩重视学生的基本功训练，并且重视戏曲元素的运用。教导学生继承发扬戏曲的优良精华，话剧也要吸取戏曲的养分。他亲自兼任台词教研组组长，多次走访语言学家罗常培，建立科学的训练方法，并确定以北京语言音系作为舞台语言。

欧阳予倩认为演员台词的学习必须有一种作为标准的语音。对于拿什么语音来作为台词的标准的问题，欧阳予倩经过与语言学家罗常培多次请教、沟通，认为应以北京音作标准。北京作为首都，是中国的政治文化中心。欧阳予倩在《演员必须念好台词》一文中提到语言学家罗常培先生对北京音使用范围的统计："除了黄河流域以及东北的大部分，还包括长江以北和四川、云南、贵州各省，几乎占据全部汉族居住区域的三分之二。"可见北京音的流传范围是比较广的。罗常培还说："就语音系统来讲，它在全国方言中比较简单，最容易懂，最容易学。"欧阳予倩因此规定了根据北京音来练台词。但他并没有否定其他方言，并且认为演员会多地域方言将有利于人物的塑造和舞台表演。

欧阳予倩全面主持中央戏剧学院的教学、管理工作。值得一提的是，欧阳予倩十分重视学生的"观摩课"。据罗锦鳞教授回忆,"二十世纪五十年代,学院安排我们每周至少观摩一至两个演出!欧阳老院长还与北京人艺联系,导演系学生以学生证可免费看首都剧场的剧目彩排!老人家还亲自带我们去看四大名旦的演出,结束后,还带我们去后台见他们,听他们给我们讲小课……那时候学院专门有学生的"观摩费用"!'文化大革命'后没有了,因为票价太贵了……好的演出让我们受益匪浅!那时候北京人艺、青艺、话剧院、总政话剧团、中国儿艺的戏,几乎个个观看!戏好在哪儿,哪有不足,还要讨论,写观后感作业!"足以见得,"观摩课"也是一门重要的课程。

再排《桃花扇》

1953年3月20日,中央戏剧学院开办了导演干部训练班。两年的专业学习后,1955年年底结业。中央戏剧学院导演干部训练班由苏联戏剧专家普·乌·列斯里直接授课,接受斯坦尼斯拉夫斯基演剧体系的教学。孙维世担任班主任。导演干部训练班经过系统的导演与表演基本训练,从第三学期开始戏剧排演。当时排演的剧目有:苏联名剧《柳鲍芙·雅洛娃姬》(特列乌夫编剧)、意大利古典喜剧《一仆二主》(哥尔多尼编剧)、中国古典戏剧《桃花扇》(欧阳予倩编剧)。

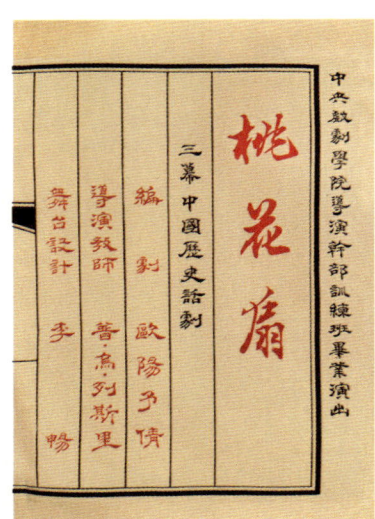

中央戏剧学院导演干部训练班毕业演出《桃花扇》宣传页

继导演干部训练班之后,1955年1月3日,中央戏剧学院表演干部训练班在北京成立。欧阳予倩亲自参加授课。作为一个在职干部训练班,它的目的是为学院培养一批表演师资,为剧院培养演员的骨干和训练青年演员的教师,提高话剧演员的表演艺术水平。中央戏剧学院表演干部训练班受到广大话剧演员和观众的关心,于1956年8月结课。

苏联专家列斯里为导演干

部训练班排演《桃花扇》之后，欧阳予倩又为中央戏剧学院实验话剧院排演了他自己编剧的这部《桃花扇》。

1956年12月26日，欧阳予倩老院长和孙维世一同来到实

欧阳予倩为中央戏剧学院实验话剧院排演《桃花扇》

验话剧院的排练室，演员们早已激动又喜悦地期待多时。孙维世宣布了下个剧目是《桃花扇》，并且由老院长亲自导演。在演员们兴奋的眼神和热烈的掌声中，欧阳予倩思索了一会儿，慢慢开口说道："想与大家一同研究一下，目前排演《桃花扇》是否有需要，以及要排一个什么样的《桃花扇》呢？之前外国专家排演过程中，因为对中国风俗不甚了解，导致有些地方大家看了会有意见，但是专家排演的好的地方我们应当予以保留，对于那些不好的方面当予以修改。"

大家一致表示喜欢这个戏，认为这是一个值得保留的剧目，尤其是老院长亲自排练，可以学习到民族传统的表演方法，纷纷希望尽快开始工作。欧阳予倩也很快进入排练的状态，要求演员们注意身段和唱腔的练习。但是，身段练习的目的并不是完全要和京戏一样，而是为了更加靠近人物、贴近历史情境。

欧阳予倩的导演方法，是先给予演员东西而不是先向演员索取。排练初期，让演员先领会导演的基本意图。为此，每次排演之前，欧阳予倩会先讲解这场戏的主要事件、人物性格的处理、重

要的舞台调度，也就是开排前先"说戏"，启发演员主动创造。

例如，对于展现李香君和侯朝宗婚后温柔而甜蜜的一场戏中，欧阳予倩先给演员们叙述了一遍剧本中的舞台提示："李香君晨妆才罢，小丫头替她收拾妆台。侯朝宗暗上，欣赏她的新妆，他走过去和香君一同照照镜子。小丫头拿过衣服来。他抢着为香君穿上。丫头卷起窗帘，李香君同侯公子走到窗口欣赏秦淮河的春景。窗外微风，公子扶香君走向贵妃榻。"这段描述没有一句台词，主要是李香君和侯朝宗二人以及丫头的动作，就格外需要演员动作优美准确并且节奏鲜明。看起来是李香君和侯朝宗的主戏，小丫头的戏虽然很少，但要演好也是不容易的，需要引起重视。

演员之间需要细致的交流适应。欧阳予倩认为身段的训练非常重要，演员只有外部动作准确以后，才能传达内心的动作。演员的每一个动作既要完成这一个角色的行动，又要与整体情境相适应，全场交流成一体，也就是戏班里"一棵菜"精神。小丫头是香君近身服侍的，因此只要香君一动，就知道香君要做什么。欧阳予倩亲自为演员示范丫头的动作怎样好看，既要表现出丫头的聪明伶俐，又要表演出动作的层次感，节奏变化正是角色的心理变化。

《桃花扇》演出剧照

戏是让观众看的，不是让观众猜的。形体动作是观众靠近人物的第一面镜子，透过外部动作能够更好地看见角色的内心。演员需要使用准确、表现力强、具有节奏感和分寸感的动作来表达人物的思想感情。

"结婚"一场，侯朝宗在扇子上题诗后赠扇给香君。因此演员需要每天揣摩和练习题诗、赠扇的动作，尽管每一次动作各不相同，但都是一次次的创作，演员应珍视这种体验。结婚仪式上，两人谁也不说话，谁也不看谁，但他们的心一定是紧紧连在一起的，可以感受到对方的呼吸，这样的交流才是舞台上演员之间真正的交流。

从"真想不到，你怎么会来"，到"我来了。你还会想不到，怎么一来就永远不走"，再从"那可说不定。我只是这样想，要好，就是一刻也好；不好，就一世也没有意思"，到"走遍天涯海角，除了香君哪里还有知己！"，二人此时的心声在不多的台词、有节奏的停顿中，如同一股尚未爆发的岩浆暗暗涌动。

"人物的形体动作要符合人物的时代、环境和性格特征，同时注意外形的优美。李香君要像一枝兰花一样亭亭玉立。她能歌善舞，琴棋书画都来得。她敢爱敢恨，热情奔放，只要接近她，就会被那清清暖暖的香气感染和融化……根据这些分析，要从形体上掌握李香君的基调，除了按中国古典舞及戏曲表演的形体动作要求，要收腹、扣胸以外，走与站、动与静，都要端庄大方，举止文雅，笑不露齿，行不露足，注意形体上线条的美。"澹台仁惠饰演李香君，她在《回忆欧阳予倩老院长给我们排戏》一文中这样说道。

欧阳予倩还指出《桃花扇》中李香君撕扇子的动作很好，但是出场处理得不好。"为什么要那样低着头、悲苦地出场呢？动作完全选错了。从前的歌女就是妓女，并不十分拘泥于什么礼节，很随便，不十分讲究。"

欧阳予倩认为李香君这样的小姑娘，出场不应有那样多的礼节，应该尽量不要拘谨，如果在很熟悉的人面前行礼太多而像一个名门闺秀，不仅不自然，反而很假。因此，人物的性格、年龄、人物关系、规定情境等案头工作需要下功夫钻研、梳理好之后，再选定恰当的动作。

欧阳予倩还提醒大家重视舞台形象的美，提醒女演员注意颈子要挺直，要重视礼节相应的规格，从而提高表演的艺术质量。

苏联专家

欧阳予倩与苏联戏剧专家普·乌·列斯里合作，更加深入感受了欧洲写实戏剧体系。欧阳予倩对欧洲戏剧的认识早在20世纪初期在日本春柳社、30年代去欧洲和苏联考察时就已经建立了框架。

20世纪50年代，中央戏剧学院邀请苏联专家前来教学探讨。面对有专家提出"中国古典戏剧表演传统让人留有一个较深的印象的是形式主义表现方法"相关问题，欧阳予倩解释道："中国舞台原是三面观众，既没有布景，也没有大幕。因而演员表演和编剧根据这一的舞台条件作了特殊的创造，具有特殊的风格。中国戏是歌、舞、演（包括哑剧）、道白（包括朗诵）同时具备而又结合得很好的特殊戏剧艺术形式。"

列斯里结合中央戏剧学院教学目的，选定了正剧《柳鲍芙·雅洛娃娅》、悲剧《桃花扇》和喜剧《一仆二主》三个大戏。通过三个风格不同、性质不同的剧目，列斯里示范了不同的导演手法，证明了斯氏体系的科学性、自由性以及可以给予我们的学员以技术的锻炼和创作的启发。通过三个剧目的排演，学员可以进一步懂得如何处理不同类型的剧目、如何使得一个戏的风格统一、如何突出戏的矛盾冲突并塑造人物形象。

欧阳予倩在《苏联戏剧专家普·乌·列斯里对中国戏剧运动的巨大贡献》中说："斯氏体系的基本原则是反映生活的真实，要

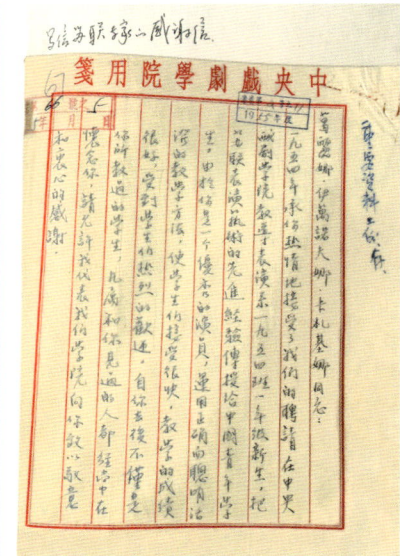

欧阳予倩写给苏联专家的感谢信手稿

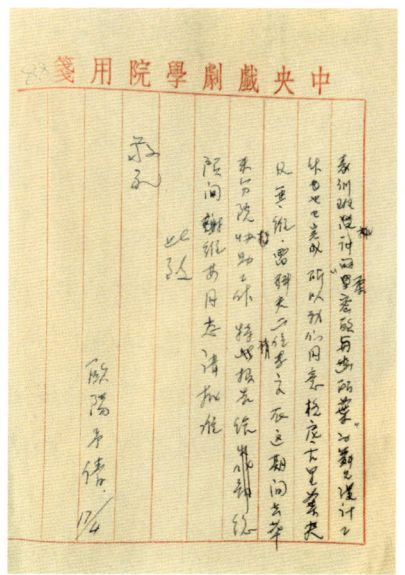

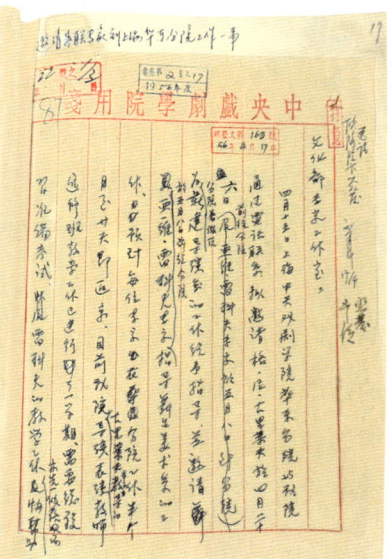

欧阳予倩邀请苏联专家赴华东分院信件手稿

用艺术的形式集中地、真实地、具体地描勾现实，创造英雄人物形象。"

欧阳予倩认为要建立剧场艺术，必须"继承和发扬中国演剧的现实主义传统，也必须学习苏联以及其他国家优秀的戏剧艺术来丰富我们，因此必须学习斯坦尼斯拉夫斯基从多方面汲取养料总结经验的科学精神"。这一认识，奠定了中央戏剧学院的教学和演剧风格。

导演方法

欧阳予倩曾以职业京戏演员的身份，在氍毹场上演戏近二十年。排演文明戏和旧戏时，还没有导演一职。但欧阳予倩躬身实践，向我们展示了话剧演出为什么需要导演。对这一问题的回答应回到戏剧最显明的特点——戏剧是集体的、综合的、创造的艺术。而导演是这种综合的、集体的艺术的创造者。与以京剧为代表的传统戏曲相比，欧阳予倩排演话剧的数目少很多。欧阳予倩写有《我的导演方法》一文，对自己的导演方法概括为三种：教导式的导演法、讨论式的导演法、批评式的导演法。

先对欧阳予倩的三种导演方法逐一阐释。教导式的导演法，主要面向没有演戏经验、缺乏基本训练或不曾经过严格的规范的新演员。欧阳予倩认为，对于新演员，只可谈教导，无从谈导演。原因在于一切都要从根本训练开始，由初步训练，进而进一步训练。演员的动作、表情、对话需要随时加以指导、纠正，示范是必不可少的。最大限度地调动和启发演员。同时，导演应做好充分心理准备，期望不可过高，需要一定耐心。教导式的导演法可以总结为对演员进行循循善诱的引导，为演员树立一定高度的目标，但不可急于求成。

对具备一定舞台经验、掌握舞台表演技术、熟悉剧本的演员，可采用讨论式导演方法。剧本、人物性格、角色、情节、矛盾冲突以及舞台表现各类内容，都可以与演员讨论。在舞台呈现过程中，可与演员时时沟通、努力触摸完美。

批评式的导演方法则面向较为成熟、舞台经验丰富的演员，对此类演员可以提出更高的要求。

欧阳予倩认为，这三种方法看上去似乎截然不同，但又有密切的联系，应灵活运用、因地制宜、因时制宜、因人制宜。导演面对的不是一个演员，往往是一个演出团队。受制于演员水平、舞台条件、装置灯光等的不同，需要综合并用多种导演方法，还要注意随时出现的各种意外情况并加以处理。有的演员虽然舞台经验不足，但是对某类角色特别爱好或者有特殊的才能，导演应充分呵护演员的灵性，并帮助演员自由发展。相反，有的演员经验丰富且享有盛名，但不排除有些情况之下突然不开窍、转不过弯或者有不良习惯，导演应严格纠正。一切以艺术品质为最高追求。

欧阳予倩的导演方法是对"戏剧是综合艺术"这一命题做出的回应。综合艺术如何综合？在《我的导演方法》一文中，欧阳予倩指出这一问题实际包含两重含义：各艺术部门的综合、表演方式的综合。戏剧的综合性不是简单将文学、舞台技术、表演、美术、音乐、灯光等在二维平面上综合，欧阳予倩生动地解释道："譬如台上挂起有上下款的绸缎，点上几十百盏电灯，打起锣鼓，念几句唐诗，是不是综合艺术呢？"因此，戏剧的综合是有机的统一、有章法的组织，需要对各个部分进行斟酌、选择、研究。

写实主义、浪漫派、古典主义、审美主义的舞台等因为流派的不同，戏剧艺术呈现也不同。悲剧、喜剧、歌剧、舞剧、音乐剧等各有表演的侧重；日本的歌舞伎、中国以京剧为代表的传统戏曲、西方国家的歌剧等不同的演剧形式，"综合"的限度和方向也不尽相同。

而导演的艺术工作最终需要演员在舞台上呈现，需要各艺术部门、各工种人员的配合与执行。导演需要强大的神经，灵活运用各种导演方法，调动各方潜能，行云流水不见牵强的痕迹。欧阳予倩以做文章打比，积字成句、积句成段、成段成篇，用思想的线连成整个的组织。"如是归结到作品的内容充分传达于观众的问题。"

戏剧是综合艺术，导演方法也是综合的。好的导演需要善用、活用各种导演方法。导演在成为演员的镜子的同时，也要与演员成为一体。这是因为假如演员的技术与表演不能够接受导演的要求，戏的整体呈现就会减色，戏剧的"卡塔西斯"（拉丁文 katharsis 的音译，戏剧的卡塔西斯功能可以概括为：情感的宣泄、思想的净化、情操的陶冶、精神的升华）和主题思想也会减弱。导演应有充分发挥演员的才力，并能够帮助演员自省，导演与演员都要有觉悟的意识和能力。

导演与舞台技术人员也应是"一体"的。除了灯光、装置、器械、音乐、美术、服装等工种外，不可忽视舞台监督的纽带作用。舞台监督可以最大限度地辅助导演将各技术工种的作用充分发挥出来，为演出增色。在这里，欧阳予倩强调了"合作"的重要性。

欧阳予倩在导演方面延续其"磨光"精神，认为导演舞台作品需要不断地打磨，并推崇莫斯科艺术剧院的演剧方法——每部作品往往需要至少八个月的磨合，对表演以及各部门的配合十分考究。主张正式排练之前，演员应熟读剧本。而实际上，很多演员做不到这一点。导演应注意各种情况的灵活处理。"该将就的将就，该坚持的坚持。"

欧阳予倩总结了表演的两大支柱——台词和形体。欧阳予倩将"两大支柱"列为中央戏剧学院表演系教学的主要任务,并沿用至今。欧阳予倩主张台词的训练需要在熟读剧本的基础上进行。因为"每一句话中的每一个字,只要音节错了一点,意思可能完全不同"。

"啊,你来了。"这样简单的一句,分析起来可以有多种意义:

啊,你来了真好!

啊,你来了真讨厌!

啊,你来了,我正有事和你商量。

啊,你来了,我正在想念你。

啊,你来了,我当你不来了。

啊,你来了,害得我好等!

啊,你来了。我当是别人。

……

如细分起来,还会有千万种不同。而这些不同,全靠演员的字音语调停顿甚至表情来体现。一句台词已是如此,一段台词、一部剧目更是如此。欧阳予倩强调导演在工作时,需要格外注意这些易被忽略的地方。

至于形体训练,则主要是为演员在舞台上发生动作做准备。有意义的动作是必要的动作,没意义的动作是不必要的动作。每一个动作都有预备动作。在《我的导演方法》中,他说:"一个动作与其他的动作有必然的联

1956年,欧阳予倩指导中国京剧院演员江新蓉排练京剧《人面桃花》

系，一个关节不通，便会僵住。所以，我以为动作只问必要与不必要，不问大与小。"

欧阳予倩还写有《话剧向传统学习的问题》一文，明确指出话剧演员需要形体训练。借鉴传统戏曲的形体训练方法是十分有必要的，但是不可照搬以及硬套，重要的是学会如何运用。"例如筋斗，只要学会'吊毛''抢背''虎跳'之类三四种比较容易的就行。像'起霸''趟马''走边'我以为要学。在使用兵器方面，不妨学一套剑，一套单刀，一套双刀；此外还可以学几套把子如'快枪''单刀枪'之类；'对拳'有必要学一套，学会这些就有了进退回旋的余地，在演戏塑造角色、表演人物情绪时，将会更加游刃有余。"

同一个剧本，可以有不同的演法。因为不同的导演，面对同一个剧本，往往生出不同甚至相反的理解。不同的导演工作方式也不同。斯坦尼斯拉夫斯基的导演方法是预先做出一个包含一切动作的导演计划，在此基础上，根据计划组织排练。而梅耶荷德恰恰相反，从确立剧目开始构思导演计划，但只在脑海中独自构思，并不将其写下来。因为"他相信'思想'一经宣扬，变成了谎话的缘故，所以他从来不用笔记，也没有发表自己理论的写作，最多的是他的学生和导演团给他留下了一些在排练时真实的记录而已"。

欧阳予倩认为，自己对《雷雨》中鲁大海的理解就与原著有些出入。而莱因哈特导演的《俄狄浦斯王》自然也不是古希腊舞台的再现；华克坦格夫的《哈姆雷特》完全撇开了莎士比亚。用新的、先锋的导演手法和精神导演经典名作，借助经典进行新的创作，是导演面临的课题。

导演，应是一种创造，而不应流于对原作的再现。导演应以研究的态度、服务的精神，为过渡时代的艺术界效力，在认识上不应有自负心态。导演需综合作家、演员、舞台监督、舞台各工种，建设新的戏剧导演系统。

导演的基本任务可以概括为：根据剧本的意念，将各种艺术的素质融入戏剧艺术中，而发扬他的综合优点。将各部门的工作调和在统一的指挥下，而保证他们的自由发展。把握着既定的方针，使戏剧向着舞台形象化的路途发展，而创造出与剧本性质相和谐的新颖的表现法，及其特殊的风格来。

在进入排练场之前，导演的案头工作应包括：剧本分析、主题意义、社会意义、形式（与演员之工作方法、演员与角色之关系、表演对话运动之原则、群众场面、导演方法）、布景（设计、色彩、机械装置、视觉呈现、道具）、舞台美术（服装、化妆、音乐、灯光）。

导演，某种意义上是面对演员而存在的。关于导演与演员的密切关系，欧阳予倩认同许幸之在1940年所作《导演论》提到的斯坦尼斯拉夫斯基的主张："演员要设身处地地去模拟那角色，演员必须由他单独一人来体验内在情感，导演只能帮他启发这个角色，鼓励他启发内在的感情。导演的主要信念是牺牲每个个人的创造表现——包括导演在内——而以集体的创造为前提。"

如果总结一下欧阳予倩的导戏风格，是预先制定总的原则，但在导演过程中，继续提供不同的方法，并加以选择。对于已经排定的部分，如果有更好的办法，就加以改动。欧阳予倩说："预定计划当然要有。但决不预先做成一个固定的，没有伸缩性的模子去套。演员在排演中，每天应当有进步，导演也会有他的进步。在实地上演的时候，随时都可能有他的创造。创造的过程，是在不断地研讨。"

在《三个戏——演出小记》中，欧阳予倩提到戏剧和电影的不同："电影一上银幕就丝毫无变；可是舞台上的表演，是随时在进步的。"即在总体原则框架之下不失灵活应变。欧阳予倩对导演和演员的关系，也有所阐释："现代上演戏剧，导演负着重大的责任，许多材料由导演统一起来，成一个整体，搬上舞台。可是最后在舞台上执行任务的全靠演员。一个好的导演，只有帮助演员的才能发展，决不会埋没演员的才能；一个好演员，也决不会把他固定的习惯的一套反复应用破坏整体。"

欧阳予倩认为话剧演员应该注重形体训练和台词训练。话剧演员不一定成为舞蹈家，但一定要学习舞蹈，最好精通一种舞蹈。这样可以使得身体每一个部分灵活应用，在舞台上做出行动。台词的基本训练不在于让观众听得见、听得懂，而是要让观众觉得好听、爱听，听见了能够受到感动。

在向传统学习方面，欧阳予倩写有《话剧、新歌剧与中国戏剧艺术传统——为苏联科学院艺术史艺术理论研究所作》一文，认为"继承传统不能毫无批评、毫无选择；话剧、新歌剧和戏曲，各有其不同的艺术形式、特点和规律，可以互相影响，互相浸透，互相学习，但彼此不能代替，学习传统不能硬搬"。我们要在传统的基础上建立一套新的方法，前提是摸透传统，承袭其中宝贵的部分，再推陈出新地发展。

"风吹仙袂飘飖举,犹似霓裳羽衣舞"

欧阳予倩还是中国舞蹈学科(古典舞)的开拓者和奠基者,推动了中国舞蹈理论的建设与发展。欧阳予倩早年留学日本时就对歌舞伎和日本传统舞蹈表演形式有所了解,后赴英、法、苏联考察戏剧时,观摩过芭蕾舞大师安娜巴甫洛娃、乌兰诺娃的精湛表演。1915年至1928年当京剧演员,也创作和演出了很多脍炙人口的舞蹈,如《杨贵妃》中的"白练舞""盘舞",《百花献寿》中的"长绸舞"等。

欧阳予倩担任中央戏剧学院首任院长后,组织编排了舞剧《和平鸽》,这是中华人民共和国第一部舞剧,也是中央戏剧学院排演的首部舞剧。1950年10月10日晚,中央戏剧学院舞蹈团在北京市青年宫剧场演出了这部舞剧。

《和平鸽》演出的宣传本正面,笔者2019年摄于中央戏剧学院院史馆

《和平鸽》演出的宣传本封底，笔者2019年摄于中央戏剧学院院史馆

　　《和平鸽》是为响应斯德哥尔摩世界和平大会的号召而排演，创作的大背景是对帝国主义的痛恨情绪以及争取世界和平的共同愿望。欧阳予倩边学习边写《和平鸽》的台本，几次改稿，费了相当长的时间。但这部集体创作的两个小时的大型舞剧只用五十多天，就完成了从舞剧文本到舞台上演的过程。

　　舞剧《和平鸽》由学院艺术委员会通过剧本、音乐室开会研讨作曲、舞蹈团组织编导，作曲、编舞、乐队配器、舞台设计、灯光、服装道具等创作部门在"一致的步骤"下，以"集体的力量"完成创作。文本欧阳予倩，导演戴爱莲、高地安等，主演戴爱莲，作曲章彦等，舞台设计刘露等，排演顾问吴晓邦，美术顾问张光宇、叶浅予，并由中央戏剧学院管弦乐队演奏。这部大型现代舞剧融合了西方古

《和平鸽》剧照

典芭蕾舞、西方现代舞、中国古典舞、中国民间舞等多种舞蹈语汇。在共同愿望的激励下，在集体的凝聚力量的感召下，才可能在如此短时间之内完成这初次的尝试。

欧阳予倩的《集体的力量完成集体的艺术》一文提及，从技术层面来说，"舞剧的重心不在台本，但也必须要有一个台本。舞剧是根据剧的主题和意图，选择适当的舞蹈动作连串起来，成为许多画面，一个一个画面按次序排列起来表现一件事情的，从而传达一个集中的思想和统一的感情。舞蹈好比是动的雕塑，由群舞的动作构成的画面，就好比动的群像。音乐不仅是帮助剧的发展，而且是有机地和它紧密结合着。除此而外，舞剧的重要成分是色彩——服装的色彩，布景的色彩。调和的色彩固然能引起观众美的情绪，但有时用突出的色彩，也足以激发观众的热情。"

1951年3月17日，崔承喜舞蹈研究班开班。欧阳予倩说："研究班的成立是新中国新舞蹈运动史中的一件大事。中国舞蹈有悠久的历史，有丰富的素材。由于封建的压迫、礼教的束缚，使舞蹈脱离了人民的生活，并渐趋衰亡。虽然在戏曲中存在着舞蹈动作，但很少有独立舞蹈艺术。现在要建立中国人民的新的舞蹈艺术，整理中国的古典舞蹈艺术、民间舞蹈艺术和兄弟民族舞蹈艺术，是

《和平鸽》剧照

很重要的工作。崔承喜先生将以她丰富的经验，以她不断的研究、创作和表演的实践，帮助中国舞蹈艺术提高一步。"

对此，学者陈珂在《欧阳予倩和他的"真戏剧"——从一个伶人看中国现代戏剧》中提出了"中国古典舞及戏曲表演的形体动作"，不单单体现为一种表演艺术的技巧技能，也不仅仅是对表演艺术方式方法的阐释，而是对中国表演艺术审美形态和精神的重新融合和整合。

据欧阳予倩多年的研究，中国古代舞蹈很多保存在戏曲、昆曲、京剧和地方戏中。他认为："研究工作不能为研究而研究，不能停留在纸上谈兵，而要付诸实践，研究历史是为了今天。"于是，他为中央戏剧学院舞蹈团和崔承喜舞蹈研究班聘请了昆曲表演艺术家韩世昌、白云生、马祥麟以及京剧老师刘玉芳等先生，为舞蹈演员训练深厚的传统舞蹈的根底，逐渐突破过去单一以芭蕾训练舞蹈演员的方式。至此开始有了中国独特的"古典舞"训练方法，并在逐步完善中形成了"古典舞"的教材体系。

1955年2月12日，日本松山树子芭蕾舞剧团在东京日比谷以芭蕾舞剧的形式演出了《白毛女》。欧阳予倩致贺电，认为"《白毛女》以芭蕾舞的形式演出，这是首创，……这次演出必然有助于中日两国人民的团结和友好"。

1956年11月，中国古代舞蹈史论研究小组成立。欧阳予倩担任艺术指导，并于1958年完成了《唐代舞蹈》的初稿。欧阳予倩写了引言、总论、结语和"剑器"篇，其他各篇是在他指导之下由董锡玖、王克芬和孙景琛执笔的。《唐代舞蹈》直到1980年8月才印刷发行。

欧阳予倩提炼中国戏曲表演艺术丰富的舞蹈语汇，在中国古典审美精神的统摄下，创建了中国古典舞这一新型舞种。欧阳予倩从根上捕捉到了这一舞种的关键——"唐代舞蹈"，奠定了全面展开中国舞蹈研究的基础。这一新型舞种从根本上区别于传统民族民间舞蹈的品性，就在于中国古典表演艺术在身姿形体中所展现的审美特性和情趣。这一特性和情趣，上溯于秦汉魏晋，中盛于隋唐五代，下连宋辽金元，最后汇聚于明清戏曲。

《唐代舞蹈》封面

中国古典表演艺术身姿形体的表现特征和情趣，是中华民族肢体语言精致的浓缩。这一舞种，不是局部或者地域的，也不是某一特定民族或者族群的，而是经千锤百炼的净化，是在历史的、地域的和民族的融合中升华的。它不拘泥于某一特定的身姿形态或经典动作，而是在中国古典审美精神和情趣统摄下，因着"古典"而得动作的自由、肢体的舒展。

欧阳予倩创建的中国古典舞这一新型舞种是"诗意"化的，是"文人画"式、"书法"式的。

戏曲形体动作强调舞蹈的美，但是必须承认戏曲也是通过人物表现生活的，演员的形体动作不可能不从生活中来。加工提炼生活中的动态，使其美化、舞蹈化，来表现艺术的真实，并不是为舞蹈而舞蹈，否则观众就不予认可。总之，戏曲里的舞蹈动作是为塑造人物形象、表现生活，是从生活来的。

整体上，我们丰实而优良的表演传统是注重艺术真实的。欧阳予倩对中国舞蹈的研究和实践，在早期当京剧演员时就打下了基础。他认为："京戏把武术和舞蹈融合起来。即便文戏的动作，也是舞蹈性的。必须与戏相结合，得到适当的运用，才有生命。学京戏如果不把那一套舞蹈性的动作运动到异常熟练，就绝对演不好。"

例如"抖袖"，欧阳予倩始终根据人物性格感情来运用。《刺媳》中的阎婆惜，在表演对待宋江种种冷淡、厌恶和仇视的态度时所运用的袖功，完全合乎她企图逼迫宋江写下休书而达到与张文远双宿双飞目的的心情。因此能使观众从角色甩袖动作中感受到婆惜当时的狠毒急切之情。

又如《贩马记》中的赵冲与桂枝夫妻之间的调侃取笑，桂枝水袖轻轻一拂，加以眼神的运用，使观众生动地感受到这对小夫妻的缠绵恩爱。

再如《贵妃醉酒》与《汾河湾》两个旦角出场的抖袖，我们能从抖袖、拂袖等动作中看到欧阳予倩通过功力的强弱、幅度的大小、快慢、刚柔变化而表现出两个旦角不同身份的不同心情。

《杨贵妃》一剧中的"白练舞"用去欧阳予倩半年时间排演。《百花献寿》中的"长绸舞"，他用一丈九尺长的长绸两条，开始舞时放出去，再收回；扔一头接另一头，倒换着一边扔，一边接，加上翻身等各种姿态，使得长绸上下飘舞，翩若惊鸿，宛若游龙。他先舞一条，然后再加一条，两手扔，再两手接住两头，跟着几个鹞子翻身，将绸带向空中抛成圆圈，人从圆圈里跳来跳去，反手将绸带接住，两手换来换去，让两条绸带飘在空中，最后用几个快转身收住绸带。一般舞绸带都需要在绸带一头衬一根木棒，否则难以起舞。欧阳予倩这种新的舞法，需要相当的功力。

欧阳予倩还在京剧中编过不少舞蹈。如在《晚霞》中编了"夜叉部""柳条部""燕子部"三个大型的集体舞；在《杨贵妃》中编了"宫女舞""胡旋舞"等群舞，单人舞"白练舞"；《馒头庵》中"空中飞人"的单人舞；《嫦娥》中单人舞"舞彩球""舞铜盘""剑舞"等。他说："演戏是身体的艺术，身体不好，是不能演戏的。"抖袖、长绸舞除技术巧妙外，还考验手腕的力度。欧阳予倩认为，一切优美的动作表情，不下苦功夫练是不能及的。强壮的身体和扎实的基本功尤为重要。

1949年前，我国没有一部舞蹈史，仅有个别学者零星的研究。欧阳予倩首创从唐代入手，上溯先秦，下及两宋、辽、金、西夏、元明清的系列中国舞蹈史研究。这一拓荒性的工作，奠定了我国舞蹈史学科的研究基础。

欧阳予倩认为，舞蹈演员需要基本功训练，但不能忽视文化知识素养。舞蹈史不能枯燥乏味，不能从文献到文献，要适合年轻舞蹈演员的需要，深入浅出，生动活泼，可读性强。同时为了满足一些需要深入钻研的研究者需求，也加注所引文献的出处。

欧阳予倩认为，研究工作不能一蹴而就，需要点滴积累。写舞蹈史、做学术研究，要下笨功夫、坐冷板凳。他撰写《唐代舞蹈》，翻阅大量文献，找专家学者座谈，阅读日本学者田边尚雄诸的著作，亲自翻译石田干之助《胡旋舞小考》。仅提纲就几易其稿，到1958年打印稿征求意见时已经过了四个寒暑。

欧阳予倩对舞蹈理论的贡献体现在一系列研究文章中，如：1957年5月《发扬我国舞蹈艺术的优良传统》、1959年3月到5月的《试谈唐代舞蹈》、1960年的《剑器舞》、1960年6月《唐代舞蹈续谈》以及同一时期完成的《〈全唐诗中的乐舞资料〉前言》《〈唐代舞蹈〉引言》《〈唐代舞蹈〉总论》。欧阳予倩对舞台表演艺术事业的探索不仅仅在戏剧和戏曲的视界，还有舞蹈的范围。

欧阳予倩的舞蹈理论研究，是在大戏剧观厚实基础上建立的。当时，中国舞蹈史的研究毫无经验和积累，也找不到专门研究舞蹈史的前辈。欧阳予倩请来了与舞蹈艺术关系密切的老专家来指导，其中有音乐史专家杨荫浏，古典文史专家沈从文、阴法鲁、吴晓铃，戏曲专家周贻白，美术史专家王逊等。为此，当时的驻会秘书长盛婕还请来了周巍峙部长主持，举办了隆重的拜师会。事后，组员们与各位专家都建立起了密切的联系。正是在这些专家的指导下，中国舞蹈史学研究才得以有组织、有计划地开展起来。自此，作为学科的中国舞蹈史学研究正式起步。

按照欧阳予倩的指导，在筹建舞蹈史陈列室的同时，还开展了辑录、分类整理《全唐诗》中乐舞资料的工作。在多位专家的指导下，查阅了《全唐诗》九百卷，四万八千多首唐诗，一字一句地抄录了里面的音乐舞蹈资料，分音乐、舞蹈两大类整理。舞蹈类又按不同的舞种、舞名编排，还选入了有关服饰和伎乐人生活等诗篇。"唐代是中国音乐、舞蹈最发达的一个时代，把唐代的乐舞弄清楚了，宋代的乐舞就容易明了，把唐宋乐舞研究一番之后，再上溯到隋、六朝、晋、汉、周，这样做可能比较便利。"

欧阳予倩领导对唐代乐舞资料进行集中搜集和深入研究的工作，在1960年左右完成了《唐代舞蹈》的撰写。由于之后欧阳予倩生病，不久去世，该书暂时搁置，后由王克芬、董锡玖和孙景琛在阴法鲁先生的协助下进行修改、整理，直到1980年才由上海文艺出版社正式出版。

欧阳予倩未将《唐代舞蹈》命名为"唐代舞蹈史",体现了欧阳老的谦虚和审慎。凭借渊博的知识和深入的研究,此书对唐代历史文化背景下的乐舞概貌作了详尽而生动的描述。今天,《唐代舞蹈》依然是舞蹈史研究的典范和重要史料,是一笔宝贵财富。

谈到中国舞蹈理论的建设与发展,不得不提欧阳予倩和王克芬的师徒情谊。根据王克芬口述,她进入中国艺术研究会之后,中国舞蹈艺术研究会组建了"中国舞蹈史研究小组",由欧阳予倩任艺术指导,吴晓邦任组长。王克芬作为欧阳予倩的助手,组织并参与了舞蹈学科研究工作规划。

欧阳予倩对王克芬意味深长地说:"研究舞蹈史要掌握大量的资料,要下大功夫,坐冷板凳。不掌握资料就没有发言权,写舞蹈史要用资料说话……不愿意做资料工作,这样是搞不了研究的。要老老实实做人,踏踏实实做学问。"这番教导,对今天的戏剧中人也是最为诚恳的教导。

在欧阳予倩直接指导和培养下,孙景琛、彭松、王克芬、董锡玖完成了《中国舞蹈史》,真正完成了先秦、两汉、魏晋、南北朝、隋唐五代、宋、辽、金、西夏、元、明、清完整一脉舞蹈史的研究。欧阳予倩对中国舞蹈史论有着开创之功。

古代舞蹈文献史料大都出自艰深的古汉语史籍。欧阳予倩说道:"如何使人听得懂,听得有兴趣,首先是自己要把史料吃深吃透,要用当代汉语,特别注意要用有中等文化水平的人听得懂的语言讲述。不要自己还没懂,就搬一堆古文,一堆原文去吓唬人,以此来表现自己学问高深,这种态度要不得。要诚心诚意为听众、为读者服务,要设法让他们听懂、读懂,这样才能传播舞史知识,宣扬我中华民族灿烂的舞蹈文化。"做学问研究,要力求在读懂、读透材料的基础上，深入浅出地把所学到的知识传递给读者。

欧阳予倩将舞蹈看作很难的艺术，原因在于他认为一个舞蹈艺术家要具备基本业务能力，丰富的生活经验，较深的文学艺术修养。他在《发扬我国舞蹈艺术的优良传统——在全国专业团体音乐舞蹈会演大会上的报告》中说："舞蹈要求思想感情和形象高度集中，这和雕塑一样；舞蹈要从绘画当中学得人物造像、构图、运用色彩的种种技巧；舞蹈应当有诗的境界，舞蹈艺术离不开诗，它和诗是相依为命的；舞蹈跟音乐血肉相连，有了舞蹈必有音乐。"并以乌兰诺娃和《一个舞剧演员的自述》为例，表明舞蹈家应当向戏剧学习。

"一息尚存，此志不容懈"

1957年，欧阳予倩写了《回忆春柳》和《谈文明戏》等文章，《一得余抄》和《电影半路出家记》也相继出版。欧阳予倩从过往几十年的经历出发，站在1949年以后文艺事业取得进步繁荣的台阶上回首过往，谈及了对春柳社、文明戏、旧戏改革以及电影的认知。

欧阳予倩主张向丰富而优良的传统学习，有分辨糟粕的能力，以严肃的态度对待戏剧艺术事业。在《中国戏曲研究资料初辑序言》中，他说："无论从剧本或从表演看，中国戏曲是人民天才的创造，经过无数艺人长期劳动积累形成的优秀现实主义传统。"

欧阳予倩从声腔、唱词、结构、身段、乐曲、表演方式等方面概括论述中国戏曲的整个形象，包括二黄戏、粤戏、桂戏等剧种，并从其衍变看出中国戏曲发展的过程和规律。《一得余抄》中还收录了关于昆剧《十五贯》和《长生殿》、川剧《打神告庙》《秋江》《金玉奴》、黔剧《秦娘美》的多篇剧目评论文章。

欧阳予倩在《发扬我国舞蹈艺术的优良传统——在全国专业团体音乐舞蹈会演大会上的报告》中说："戏曲的动作，所谓手眼身法步——有人解释为手、眼、身、法、步五种，据我的体会是手、眼、身法和步。手是手的动作，眼就是如何运用眼睛，身法指的是整个身体的线条和腰部的动作，步即步法，就是脚的动作。我们讲究手到眼到心到，即是手到眼到，腰和步必须跟随着，所以手眼身法步互相配合为一个整体，以人物的性格和感情为贯穿，为着达到一个戏剧的目的来灵活地、有机地组织运用，这样每个动作才都能起到它应有的作用。"

在中央戏剧学院繁重的日常教学和管理工作之外，欧阳予倩的社会活动也逐渐多了起来。除了中央戏剧学院院长的身份，他还是全国人民代表大会代表、中国文学艺术界联合会副主席、中国戏剧家协会副主席、中国舞蹈工作者协会主席、中央实验话剧院院长、中国电影工作者协会理事。

此时欧阳予倩已经年过花甲，并且患有严重风湿病。但是，他仍然坚持在学院教学与管理的一线，被大家亲切地称作"我们的老院长"。这样的勤奋刻苦、奉献精神，值得今天的年轻一代学习。

欧阳予倩在《中央戏剧学院十年》一文开篇说到，中央戏剧学院是在1949年11月开始筹备，于1950年4月2日正式成立。其前身是华北大学第三部（主要是戏剧科部分），另外也吸收了一部分南京戏剧专业学校的师生参加。对于中央戏剧学院的第一个十年，欧阳予倩将其分为三个阶段，"第一阶段为1950—1952年时期，这个阶段学院刚刚建立，组织上初具规模，开办了一年制普通科和二年制本科。普通科，分戏剧班和舞台美术班；本科，分歌剧、话剧、舞台美术三系。此外还先后办有舞蹈运动干部训练班和崔承喜舞蹈研究班。"欧阳予倩领导的中央戏剧学院是将教学工作和演出创作并重。建院时就有歌剧团、话剧团、舞蹈团、管弦乐队及音乐室、创作室等演出团队和创作组织。

"第二阶段为1953—1957年时期，学院经过改革、整顿，改为专业的话剧学院。几个演出团、队和创作组织于1953年分别由学院分出建立了独立的机构。"1953年开始，中央戏剧学院建

欧阳予倩《庆祝与感谢》

立了四至五年制的本科，设表演、导演、舞台美术、戏剧文学四个系。这一时期学院先后聘请了四位苏联专家来校任教，开办了导演、表演、导演师资、舞台美术设计师资四个干部训练班。苏联专

写给欧阳予倩老院长的信

家的补充和积极帮助，使中央戏剧学院的教学工作有了很大发展，教学计划、教学大纲、教学方法有了新的提升。为了解决教学实习的需要，加强学院艺术实践和研究工作，1956年还成立了实践话剧院。

"第三阶段为1958年—现在（注：1960年），这是全国进入第二个五年计划时期。"欧阳予倩表示，这一阶段学院在党的领导下，实施了政治挂帅，也就是大鸣大放、大搞群众运动。因此，重新制定了教学计划和教学大纲，建立了劳动锻炼制度，加强艺术实践，并且大搞创作活动。

可以看出，这一时期学院的发展紧紧围绕国家政治形势的转变而做出调整。随着社会生产的大发展，欧阳予倩在其十年的工作总结中也提到了"学院面貌焕然一新，出现了空前跃进的新局面"。欧阳予倩在报告中列举了"1958年招生人数超过57年的9倍，除本科外，还开办了表演、导演、戏剧理论三个训练班，还开办了表演专业的工农班和民族班。而59年本科的招生数又超过58年本科招生人数的25%，不仅是招生数量上的增加，在教学质量上由于贯彻执行了党的教育方针，也有了显著的提高和飞跃的发展"。

"我前半生算是糊里糊涂过了。四十五岁以后多少有些进步。只有最近六年，才觉得活得真有意义。尽管我已经六十多岁，还患着难治的关节炎症，但我有信心愉快地活下去。我深深地感觉到中国共产党是最伟大、最光荣、最正确、最可爱的党。只有依靠党才有真正的生命，依靠党才能对事业有信心，有勇气，有成就，对祖国有所贡献。从我四十余年的经验，证明个人奋斗是有很大局限的，参加党的组织便可使渺小之躯，发挥无限的力量。"这是欧阳予倩在1955年12月5日，以六十七岁高龄加入中国共产党时的入党宣讲词。欧阳予倩的入党宣誓大会在中央戏剧学院举行，李伯钊、沙可夫是介绍人。从这番朴素却又深刻的言辞中可以感受到，欧阳予倩的思想境界经历了另一种层面的升华。

正如欧阳予倩入党之初就有的诚恳愿望，他希望"一息尚存，此志不容懈"，希望党给予更多的培养，希望在组织生活中得到更多鼓励与监督，希望"如一架旧机器在先进工人运用之下可以多起些点滴作用"。欧阳予倩入党后对工作、对学习、对学生的关怀没有丝毫折扣，仍然带着不懈之志在路上。

欧阳予倩生长在新与旧、传统与现代交替的中国，童年、少年、青年时代的求学积累了深厚的中华文化素养。湖南的地方戏曲是欧阳予倩艺术生涯的重要启蒙。这些文化元素是融化在血液中的，对文化的精华和糟粕有自身的精准判断，并反映在作品中。这个文化基础对吸收域外文化优长不构成障碍，在结合上亦互不排斥，不刻意分"体用"。因此自然会在艺术上体现中西融合，在古典和现代上坚持两条腿走路。

与梅兰芳率团访日演出

应日本《朝日新闻》社的邀请，1956 年 5 月 16 日，梅兰芳率领中国访日京剧代表团一行二十人，前往日本访问演出。此次访日代表团团员包括李少春、袁世海、姜妙香、李和曾、江新蓉、梅葆玖等京剧演员。欧阳予倩担任代表团第一副团长和总导演。代表团于十日后抵达东京羽田机场。

5 月 28 日，中国访日京剧代表团在东京帝都饭店举行记者招待会。欧阳予倩在会上发言，说明此次访日交流演出的目的和意义。次日，欧阳予倩在由日本各界人士召开的"中国访日京剧代

1956 年，欧阳予倩和梅兰芳

表团"欢迎宴会上回忆了中日两国戏剧界交往的历史，认为中日两国的戏剧家要紧密地握起手来，"为着中日两国人民的利益，友好合作是必要的，是符合于两国人民的愿望的。尽管现在还有些困难，但是两国人民的心已经交流了，这是任何力量都阻止不了的"。

代表团于5月30日晚在东京歌舞伎座正式公演。演出开始前，欧阳予倩对日本方面的接待工作表示感谢，向日本人民表达问候和祝愿。演出在友好、和睦的氛围中圆满结束。代表团一行还在6月4日参观了早稻田大学坪内博士纪念演剧博物馆。

代表团在东京演出结束后，还于6月6日、6月18日、6月21日、6月26日分别前往了福冈、奈良、名古屋、京都。七月下旬，圆满结束访日行程回国。

《黑奴恨》

1959年，非洲民族解放运动空前高涨。欧阳予倩怀着激动的心情，只用十天时间写出以反对种族歧视为主题的《黑奴恨》。在《黑奴恨》（后记）中，他说："以对被压迫者深切的同情，对殖民主义者极端的愤慨写了这个戏。"当时欧阳予倩身兼多项行政工作，少有构思、创作的时间。但是，还是写出了这部兼具思想深度和艺术水平的作品。

曹禺说："看了这个戏，给自己印象最深、感受最深的是我们的老前辈、老同志——欧阳老在剧本中所表露的如此蓬蓬勃勃的生命力和旺盛的政治热情。老树开红花，老院长的精神使人感佩。"

阳翰笙说："欧阳老今年七十四岁高龄了，但精神不老，只要于革命有利的事他都干。《黑奴恨》正反映了他的充沛的生命力和饱满的战斗精神。"

"斯托夫人的小说《汤姆叔叔的小屋》是用宗教感情、资产阶级人道主义和感化精神来写黑奴解放的；1907年曾孝谷的剧本《黑奴吁天录》针对列强瓜分中国，强调民族自觉，比小说前进了一步；《黑奴恨》则明确指出种族压迫的

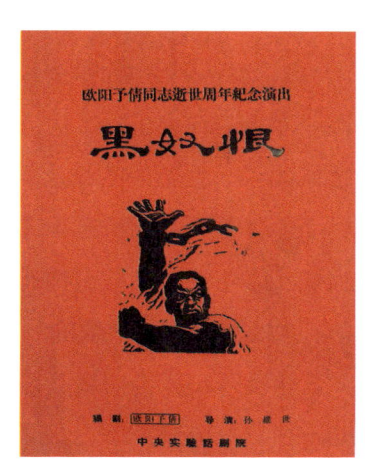

《黑奴恨》宣传页

《黑奴恨》幕前的话，欧阳予倩作

实质就是阶级压迫，同时通过对哲而治奋起反抗的战斗精神的歌颂和对汤姆被烧死前民族意识觉醒的描写，艺术地表现了奴隶制度、种族迫害的残酷与非正义性，指明了黑人解放的合理性、正义性，又比《黑奴吁天录》前进了一大步。"田汉在《他为中国戏剧运动奋斗了一生》中也说："这部剧作在当前黑人争取人权、反对种族歧视的斗争中起过和将继续起巨大的鼓动作用。这原是为了纪念半世纪前中国话剧最初一次演出而企图做的恢复工作。但因时代不同、要求不同、作者认识不同，结果成了一个新的创作。剧本的主题思想和表现方法不止远远超过了原作者斯托夫人那种基督教人道主义，也比曾孝谷强调民族自觉，以斗争胜利结束的《黑奴吁天录》思想更进步，主题更鲜明，人物性格更生动准确。予倩是以'对被压迫者深切的同情，对殖民主义者极端的愤慨'来写这个戏的。"

巨星陨落

岁月悄然流逝。暮年的欧阳予倩原本以为自己得的只是关节炎一类的病，只知道这种病不好根治，却没有料想到是更严重的冠状动脉硬化和心肌梗塞。为中国戏剧事业奋斗了一生、积累了诸多经验的欧阳予倩，正期望以更为成熟和饱满的能量写出更好的作品、更具理论性的文章和剧论时，竟因曾夺去梅兰芳生命的同样的病魔而长辞。这真是戏剧界的损失！

欧阳予倩是中国话剧运动的奠基人，是中央戏剧学院第一任院长。其毕生从事进步戏剧艺术和戏剧教育事业，艺坛辛勤耕耘。先后主持了南通伶工学社、南国艺术大学戏剧系、广东戏剧研究所、广西桂林艺术馆、西南剧展，新中国成立后主持建立中央戏剧学院；主编了我国最早的戏剧专业刊物；一生创作各类剧本上百个；导演戏曲、话剧、歌剧、舞剧、影片多部；艺术理论著述尤丰。

他一生经历，被誉为"中国话剧活的历史"；丰富的知识修养，被誉为"戏剧百科全书"。他在戏剧、舞蹈、京剧、歌剧、戏曲声腔、台词、剧作、艺术理论、舞台装置、舞台管理等诸多领域有开创性的研究，对新中国艺术的繁荣发展有着极为突出的贡献。

不管是传统京戏、文明戏、话剧，还是电影；不管旧戏改革还是组织戏剧活动，欧阳予倩都主张实干。他虽然演戏、拍电影都是"半路出家"，却也不把困难想在前头，先干了再说。这是一种"实践出真知"的做派。

田汉曾说："艺术家的生命全在'人天相接处'，如箭发于弦而未达的，蛙投入井而未闻声，即一种极紧张极空灵的世界也。"欧阳予倩曾多次说自己并不聪明，不过是下笨功夫。正如《自我演戏以来》里，他说："我自知不聪明，便万万聪明不得，于是主张说笨话、干笨事、作笨功夫。"但也正是这些"笨功夫"，为我们留下了宝贵的精神财富。

田汉在《他为中国戏剧运动奋斗了一生》还说："予倩的最聪明之处，最值得学习之处，也正在他肯说笨话、干笨事、作笨功夫。"如今我们重访"欧阳予倩"，就是重访那种精神、那种思维。戏剧的发展需要思想的支撑。回到戏剧本身，不迷信不盲从，谦虚包容，不断学习。

今天，欧阳予倩已经不仅仅是一个人名，更是"一种精神"！

1962年9月21日，欧阳予倩因心肌梗塞在北京去世。此前在阜外医院住院时，老友田汉也卧病在北京医院。两人本来以为都患有心脏方面的问题，后来田汉得知自己不是。为了安慰欧阳予倩，田汉写了许多首诗。正要寄去时，欧阳予倩已经离开了我们。

欧阳予倩

纵观欧阳予倩的一生，与田汉硬着头皮往前冲的风格不同，可以概括地说，当时代风潮起来时，欧阳予倩就投身话剧、电影；低潮时，就避难在戏曲。

这是有着极为明显时代特点的人生轨迹。他一生创作、编演戏剧剧本、电影剧本，撰写理论文章，躬身社会实践，他舞台能创作、讲台能教学、案头能科研、会场善发言、交流懂外语。

就用田汉为欧阳予倩写的诗，和郭沫若、茅盾为欧阳予倩作的挽联作为全文的结束语吧——

欧阳予倩油画及缅怀欧阳予倩诞辰 130 周年纪念活动海报

田汉："予倩文章老更成，忆梅无限故人情。雄谈都爱识途马，低唱犹羞出谷莺；着意细探前代宝，虚心博采百花精；大夫倘更能宽大，秋叶联床话到明。"

"斯氏精神极严谨，晚年卓见有加添。切磋喜得他山石，清化应如入水盐；正为斗争求改革，不单形式竞新尖。中华自古梨园国，金碗沿门莫太谦。"

"新来读破《灰阑记》，布氏聪明信绝伦；养母多情生母狠，醒官昏瞆醉官真。才华殆过李从道，胜利都归穷苦人；腐朽神奇随笔转，何当重写《玉堂春》。"

1962年9月欧阳予倩遗体起灵时,由郭沫若、沈钧儒、田汉等人执绋

"未必梨园即杏坛,形神俱胜本来难,潜移豪竹哀丝里,默化银灯绣幕间;只有郢工能运斧,从来杯水不兴澜;艺高情热思深远,塑出英雄自可观。"

"玉盘无语转银河,如水清辉浸翠柯。西塞秋来山载雪,南疆夜静海扬波;国防此日神威奋,庄稼今年产量多;借问城东贤伉俪,床前明月意如何?"

郭沫若:"秋雨黄花一窗秋雨,春风杨柳万户春风。"

茅盾:"春柳发芽,桃扇翻新。舞史草创,大匠但开风气。行圆志方,温良恭让。既红且专,后生常仰楷模。"

后　记

这里写的是欧阳予倩的戏剧人生。

他童年看戏、扮演，青年在日本春柳社第一次登台，回国后以职业京戏演员身份在氍毹场上二十余载。1919年五四新文化运动以后，欧阳予倩在南通"更俗"，是他从台前到幕后转变的开始。囿于社会环境、现实条件制约，旧戏改革的道路并非一帆风顺。欧阳予倩一生颠沛流离，在戏剧与影视两个领域游走，寻找发力点，不断尝试，不惧失败，跌倒再爬起。组织南京国民剧场、广东戏剧研究所，开展桂剧改革、领导西南剧展，新中国成立后主持中央戏剧学院的教学和管理工作。这些在今天看来仍然颇具规模和挑战的实践，是欧阳予倩百年前的探索。

时光已经走在21世纪第二个十年，如今物质条件富足，科技、电子、交通、基础设施日新月异，每天都有新的技术出现和变化。然而，在丰厚物质条件的环境下，文化、精神方面却鲜有大的成果和突破。其中原委，也许值得每个人深思。

这本传记，在寄于戏剧学子可以窥探百余年前戏剧最初发生时的样貌以及中国传统戏曲、早期话剧发展经历几次变迁的同时，更是面向更广泛的读者，希望更多的人共同了解一番——中国的戏剧艺术。

本书写作时，正值笔者在日本早稻田大学访学期间。从早稻田大学大隈纪念讲堂出发，步行一公里多，就可以到达欧阳予倩

1904年首次东渡求学的成城中学。虽然春柳当年演出的本乡座、东京座在岁月的洗礼中已不复存在，但跟着导航走过当年的迹地，心中还是会升起阵阵莫名的感动。我们这代戏剧学子承蒙前辈的开路和引导，正应不停地反思以及不住地前行。

作者怀虔诚敬畏之心完成本文，以表对先生的缅怀和敬仰之情。

最后，感谢培育我十余年的母校、为我们遮风挡雨的家——中央戏剧学院。感谢中央戏剧学院徐翔教授、郝戎教授、陈珂教授、沈培艺教授、马述智教授、宋震教授以及辛勤教书育人的各位老师。感谢欧阳予倩的外孙欧阳维先生，对我开展"欧阳予倩"研究给予充分关怀和支持。感谢日本学者濑户宏教授，早稻田大学平林宣和教授、铃木直子教授，日本中央大学饭塚容教授，明治大学加藤彻教授，我在东京开展寻访欧阳予倩当年足迹的过程，得到了他们许多帮助和指导。

感谢给予以这样的方式纪念欧阳予倩的机会和平台的"百年巨匠"丛书和文物出版社。

感恩给予我生命、养育我长大的父母。

感恩老院长以自己的一生为我们留下的宝贵财富！

参考资料

◎ 《欧阳予倩全集》（全六卷），上海：上海文艺出版社，1990年。

◎ 苏关鑫编：《欧阳予倩研究资料》，北京：中国戏剧出版社，1989年。

◎ 陈珂：《欧阳予倩和他的"真戏剧"——从一个伶人看中国现代戏剧》，北京：学苑音像出版社，2007年。

◎ 景李斌：《欧阳予倩年谱》，北京：中国戏剧出版社，2019年。

◎ 李歆编著：《欧阳予倩戏剧期刊选及研究》，北京：朝华出版社，2019年。

◎ 陈建军：《欧阳予倩与中国现代戏剧》，北京：人民出版社，2016年。

◎ 欧阳敬如：《父亲欧阳予倩》，北京：中国戏剧出版社，2005年。

◎ 陈珂：《舞古今长袖、演中外剧诗——欧阳予倩评传》，上海：上海古籍出版社，2012年。

◎ 《战时戏剧讲座》，重庆：正中书局，1940年1月。

史料

◎ 《公园日报》，目前可以找到的期数：1919年10月8日至1920年1月23日。

◎ 《公园日刊》，目前可以找到的期数：1920年4月10日（第51号）至1920年7月6日（第138号）。中间存在散佚、缺失。

◎ 《通海新报》：1919年9月6日、1920年6月28日、1920年8月10日至29日、1924年9月16日等。

◎ 《申报》：1914年4月14日至1928年2月22日、1930年4月至1931年12月、1935年5月至1939年1月、1946年7月至1947年7月等。